러시아문학 단편선

뿌쉬낀에서 고리끼까지

Собрание произведений русских писателей

전혜진 번역감수

1945
MYM
문예미디어

러시아문학 단편선 뿌쉬낀에서 고리끼까지

초판인쇄	2010년 4월 5일
초판발행	2010년 4월 10일
감 수	전혜진
번 역	고유라, 김남옥, 양정은, 이아름, 정성근, 한희정
발행인	서덕일
펴낸곳	문예미디어(문예림)
주소	서울 광진구 군자동 1-13호 문예하우스 101호
전화	02-499-1281
팩스	02-499-1283
홈페이지	www.bookmoon.co.kr
이메일	book1281@hanmail.net
출판등록	1962년 7월 12일
등록번호	제2-110호

ISBN : 978-89-7482-490-7(13790)

잘못된 책은 구입하신 서점에서 교환하여 드립니다.

21세기에 19세기 러시아 작가를 만납니다.

「러시아문학단편선 -뿌쉬낀에서 고리끼까지」는 19세기에서 20세기 초 러시아의 대표적인 작가의 작품을 엮은 책으로 당시 러시아와 민중의 삶과 영혼, 인간의 삶과 죽음 그리고 사랑을 느낄 수 있습니다. 뿌쉬낀, 레르몬또프, 뚜르게네프, 도스또옙스끼, 똘스또이, 체홉, 고리끼 등 일곱 작가의 보석 같은 작품을 읽으며, 러시아 문학의 아름다운 세계를 꿈꾸게 될 것입니다.

「러시아문학단편선 -뿌쉬낀에서 고리끼까지」이야기는 러시아 단편소설의 단초인 뿌쉬낀의 「벨낀 이야기」중 「마지막 한 발」로부터 시작합니다. 일그러진 영웅의 자존심과 죽음에 대한 두려움의 이야기, 마치 뿌쉬낀 자신의 결투를 암시라도 하는듯한 신비감과 박진감 넘치는 결투 이야기, 뿌쉬낀의「마지막 한 발」, 인간의 삶과 운명의 상관관계를 파헤친 레르몬또프의 「운명론자」, 정겨운 러시아 시골 전경과 진실하고 뜨거운 영혼의 노래를 부르는 농민의 모습을 그린 뚜르게네프의「가수들」, 감옥에서 어느 날 떠오른 농부 마레이에 대한 기억 그리고 그 마레이를 통해 러시아 민중의 모습을 논한 도스또옙스끼의 「농부 마레이」, 죽음에 대한 고찰, 귀부인의 죽음과 노인의 죽음 그리고 나무의 죽음을 통해 죽음의 유형과 그 의미를 제시한 똘스또이의 「세 죽음」, 현대인의 또 하나의 자화상, 고독과 고립 속의 인간을 보여준 체홉의「상자 속의 사나이」이야기가 펼쳐집니다. 끝으로, 아름답고 슬픈 사랑 이야기, 고리끼의「어느 가을날」은 구원은 어디로부터 오는 가의 문제를 던져 줍니다.

　「러시아문학단편선 뿌쉬낀에서 고리끼까지」를 출판하면서, 지금부터 3년 전 흑석동 강의실에서
글 한 줄, 단어 하나 때문에 함께 고민하고 땀 흘렸던 고유라, 김남옥, 양정은, 이아름, 정성근, 한희정
번역사 선생님들과의 추억을 떠올립니다. 러시아어와 한국어 사이에서, 작가와 독자 사이에서
소통을 위하여 갈등하였던 '행복한 고통'의 시간이었습니다. 이 지면을 빌려 진심으로 고마운
마음을 전합니다.

　「러시아문학단편선 뿌쉬낀에서 고리끼까지」가 바쁜 우리네 삶 속에서 우리의 인생을, 우리의
사랑을 다시 생각해 보는 작은 쉼터가 되길 바랍니다. 또한 아름다운 러시아 문학에 대한 그리움을
지피는 장이 되길 바랍니다.

2010년 검은 돌 마을 흑석동에서

전 혜진

Russian Short Story :: 01

01

마지막 한 발

뿌쉬낀 | Pushkin

우리는 서로를 쏘았다.
바라띤스끼[1]

나는 결투권에 따라 그를 쏘기로 맹세했다.
(아직 그에 대한 나의 마지막 한 발이 남아있다.)
『야영지에서의 밤』[2]

I

우리는 ***라는 작은 마을에 머물고 있었다. 군 장교들의 삶이란 뻔한 것이다. 아침에 훈련과 승마 연습을 하고, 낮에는 연대 지휘관의 집이나 유태인 선술집에서 점심을

---

1 Evgenii Abramovich Baratynskii (1880~1844), 어둡고 염세적인 작품을 많이 쓴 뿌쉬낀과 동시대 시인.
2 데카브리스트파(派) 시인인 A. A. 마를린스끼의 중편소설.

먹고, 저녁에는 펀치를 마시며 카드놀이를 즐기는 것이 고작이다. ***마을에는 파티를 여는 집도, 예쁜 아가씨도 없었다. 우리가 다 함께 모여도 군복밖에 눈에 띄지 않았다.

단 한 사람, 군인이 아닌 남자가 우리와 동료처럼 어울렸다. 그는 서른 다섯쯤 되었고, 그래서 우리는 그를 연장자로서 존중해주었다. 그는 경험이 풍부한 사람이었기에 항상 우리보다 우월했다. 또한 그의 몸에 베어있는 우울함, 거친 성격, 독설은 우리 같은 젊은 영혼들에게 강한 인상을 남겨주었다. 어떠한 비밀스러운 힘이 그의 운명을 둘러싸고 있는 느낌이었다. 그는 러시아 사람처럼 생겼으나 외국 이름을 가지고 있었다. 한때는 경기병으로 근무했었고 꽤 운도 좋았다고 한다. 하지만 그가 왜 퇴역을 해서 이 시골 촌구석으로 들어오게 됐는지는 아무도 몰랐다. 그는 그곳에서 때로는 궁핍하게, 때로는 사치스럽게 생활했다. 다 떨어진 검은색 프록코트를 입고 다니면서도 우리 연대 장교들이라면 누구에게나 식사를 대접하곤 했다. 사실 이 퇴역 군인이 준비한 식탁에는 두 세가지 음식이 전부였지만, 샴페인은 늘 강물처럼 흘러 넘쳤다. 아무도 그의 재산이나 수입이 얼마나 되는지 몰랐으며, 감히 그것에 대해 물어볼 엄두도 내지 못했다. 그는 책을 많이 가지고 있었는데, 책의 대부분은 병서(兵書)와 소설이었다. 그는 사람들에게 자신의 책을 기꺼이 빌려주었고, 돌려달라고 요구하지도 않았기 때문에 사람들은 빌려간 책을 되돌려주는 법이 없었다. 그의 중요한 일과 중 하나는 사격 연습이었다. 그래서 그의 방 벽은 벌집처럼 총알 구멍투성이였다. 그가 수집해 놓은 다양한 권총들은 금방이라도 쓰러질 것 같은 가난한 그의 집에 있는 유일한 사치품이었다. 그가 누군가의 머리 위에 놓인 배를 총으로 맞추겠다고 하면, 우리 연대 사람은 누구나 주저하지 않고 그에게 자신의 머리를 맡길 정도로 그의 사격 실력은 실로 대단했다. 우리는 종종 결투에 대한 이야기를 나누곤 했는데, 실비오(그를 이렇게 부르겠다)는 우리의 대화에 단 한번도 끼어든 적이 없었다. 결투를 해 본 적이 있느냐는 질문에 해 본적이 있다고만 시큰둥하게 대답했을 뿐, 자세한 이야기는 해 주지 않았다. 그는 이런 질문을 별로 좋아하지 않는 것 같았다. 아마도 소름 끼칠 정도로 대단한 그의 사격 솜씨의 불행한 희생양이 마음에 걸리는 모양이라고 우리끼리 짐작할 뿐이었다.

그렇지만 우리는 그에게 비겁한 면이 있으리라고는 의심조차 하지 않았다. 실비오처럼 겉모습만으로 그런 의심을 말끔히 씻어버리게 만드는 사람도 있기 마련이다. 그러나 뜻밖에 일어난 한 사건으로 우리 모두가 깜짝 놀란 적이 있다.

어느 날 우리 연대 장교 열 명 가량이 실비오의 집에서 점심을 먹고 있었다. 우리는 여느 때와 마찬가지로 술을 진탕 마시고, 점심 식사 후에 실비오에게 카드판을 벌이자고 졸라댔다. 그는 한참을 거절하였다. 왜냐하면 그는 카드놀이를 별로 해 본적이 없었기 때문이다. 하지만 결국 카드를 가져오라고 이르더니 테이블 위에 50개의 금화를 놓고서는 카드 패를 돌리기 위해 자리에 앉았다. 우리도 그를 둘러싸고 앉았고, 드디어 게임이 시작되었다. 실비오는 카드놀이를 할 때 한마디도 하지 않았다. 말다툼을 하거나 변명을 하는 일도 없었다. 행여 돈 대는 사람이 내기 돈을 잘못 계산하더라도, 그는 즉시 나머지 돈을 더 내거나 모자라는 돈을 적어놓곤 했다. 우리는 이미 그런 모습을 잘 알고 있었기 때문에, 그 나름대로의 카드놀이 방식에 왈가왈부하지 않았다. 그런데 문제는 그 자리에 얼마 전 우리 연대에 전근해온 장교가 앉아 있었다는 것이었다. 그 장교가 실수로 판돈을 더 많이 기록하게 되었는데, 실비오는 조용히 분필을 집어 들고 여느 때와 같이 자신의 방식대로 계산을 바로 잡았다. 장교는 실비오가 실수를 했다고 생각하고는 실비오에게 설명을 늘어놓기 시작했다. 그러나 실비오는 이에 아무런 대꾸도 하지 않고 계속해서 카드를 돌렸다. 참을성을 잃은 장교는 지우개를 들고 실비오가 잘못 썼다고 생각하는 부분을 지워버렸다. 그러자 실비오는 분필을 잡고는 지운 것을 다시 써 넣었다. 술에 취한데다 카드놀이와 동료들의 웃음 소리에 모욕을 느낀 장교는 분을 참지 못하고 책상에 있는 구리 촛대를 거칠게 집어 들어 실비오를 향해 던졌다. 실비오는 구리 촛대를 가까스로 피할 수 있었다. 우리는 매우 당황스러웠다. 실비오는 악의에 찬 창백한 얼굴로 눈을 부라리며 말했다.

"존경하는 장교님, 제 집에서 나가주시오. 그리고 이런 일이 제 집 안에서 일어나게 된 걸 하느님께 감사하시오."

이 사건이 어떤 결말을 가져올 지는 의심할 필요도 없었다. 우리는 새로 온 동료가 이제 죽었구나 라고 생각하고 있었다. 장교는 물주 양반에게 이 모욕을 반드시 갚아주겠노라고 말하며 나가버렸다. 이 후 몇 분 동안 카드판이 이어졌지만 우리는 실비오가 게임을 할 기분이 아니라는 것을 눈치 채고 너무 오래 자리를 비웠다며 하나 둘씩 일어나 각자 숙소로 흩어졌다.

다음날 승마 연습장에서 우리는 그 불쌍한 장교가 아직 살아있는지 매우 궁금해 하며 그 사건에 대해 이야기하고 있었다. 그런데 마침 그 순간, 바로 그 장본인이 우리 눈 앞에 나타났기 때문에 그에게 직접 이야기를 들을 수 있었다. 그는 실비오로부터 어떠한 연락도 받지 못했다고 했다. 그 말에 우리는 또다시 놀라지 않을 수 없었다. 그후 우리가 실비오를 찾아갔을 때, 그는 정원에서 대문에 붙여 놓은 에이스 카드에 총을 한 발 한 발 쏘고 있었다. 그는 늘 그래왔듯이 우리를 맞이해 주었고 어제 사건에 대해서는 아무런 이야기도 하지 않았다. 그리고 사흘이 흘렀건만 그 장교는 아직도 버젓이 살아서 돌아다녔다. 우리는 이상히 여기며 설마 실비오가 결투를 하지 않을 셈인가 하고 수군거렸다. 결국 실비오는 결투를 하지 않았다. 시원찮은 사과의 말에 만족해 하고는 장교와 화해한 것이다.

이 사건으로 인해 젊은이들 사이에서 그에 대한 평판이 땅에 떨어져버렸다. 용기야 말로 인간이 가진 최고의 미덕이며 모든 단점을 덮어 줄 만한 것이라고 믿고 있었던 우리에게 그러한 비겁한 행동은 용납할 수 없는 것이었다. 그러나 서서히 이 사건은 잊혀져 갔고, 실비오는 다시 자신의 영향력을 회복하게 되었다.

하지만 오직 나만은 더 이상 그와 예전처럼 지낼 수 없었다. 천성적으로 감성적인 나는 인생이 온통 수수께끼 같고, 신비한 소설 속 주인공 같은 그에게 누구보다도 더 큰 환상을 품고 있었다. 그도 나를 좋아했다. 나와 있을 때에야 비로소 그는 신랄한 비판을 멈추고, 보통 때와 같지 않게 즐겁고 솔직하게 이런 저런 이야기를 해주었다. 그러나 그 불행한 사건이 있은 후에는 그의 명예가 죄로 더럽혀져 씻겨지지 않았다는 생각이 나를 떠나지 않았고, 이 때문에 나는 그를 예전처럼 대할 수 없었다. 내 양심이 아무일 없었던 것처럼 지내는 것을 허락하지 않았기 때문이다. 실비오는 이를 눈치채고 그

이유를 짐작할 수 있을 정도로 현명하고 경험이 풍부한 사람이었다. 내가 멀어지게 된 것 때문에 그도 괴로워했던 것 같다. 적어도 두 번 정도 그가 나에게 모든 것을 털어 놓고 싶어 한다는 것을 눈치챈 적이 있다. 그러나 나는 그런 상황이 되면 그를 피해 버렸고, 결국 실비오도 포기하고 말았다. 그 후 나는 동료들과 함께가 아니면 그를 따로 만나지 않았고, 이로 인해 예전에 우리가 나누었던 허심탄회한 대화는 더 이상 나눌 수 없게 됐다.

대도시의 무심한 사람들은 시골이나 소도시 사람들에게 늘 일어나는 여러 인상적인 순간들을 이해하지 못하는 경우가 많다. 예를 들어, 우체부가 오는 날을 손꼽아 기다리는 일과 같은 것이다. 편지가 배달되는 화요일과 금요일에는 우리 연대 사무실이 장교들로 가득 찬다. 돈을 기다리는 사람, 편지를 기다리는 사람, 또 신문을 기다리는 사람도 있다. 익숙하게 봉투가 뜯어지고 소식이 전해지면, 연대 사무실은 그 어느 때보다 활기를 띠게 된다. 실비오도 보통 우리 부대 이름으로 편지를 받고 그곳에서 편지를 찾아갔다. 그러던 어느 날 그에게 편지 한 통이 도착했다. 그는 매우 다급한 모습으로 편지를 뜯어보기 시작했다. 편지를 읽어 내려가는 그의 눈은 빛나고 있었다. 다른 장교들은 각자 자기 편지를 읽느라 정신이 없어 아무도 그의 행동에 신경 쓰지 않았다.

"여러분."

갑자기 실비오가 장교들을 향해 말했다.

"저는 당장 이곳을 떠나지 않으면 안됩니다. 오늘 밤에는 떠나야 합니다. 여러분께 마지막으로 식사를 대접하고 싶습니다. 그럼, 기다리고 있겠습니다."

그러더니 그는 나를 주시하면서 말을 이었다.

"꼭 와주게."

이런 말을 남기고 그는 서둘러 그곳을 떠났다. 우리는 실비오의 집에서 만나기로 하고 제각각 흩어졌다.

약속한 시간에 맞춰 내가 실비오의 집에 도착했을 때에는 이미 연대의 모든 장교들이 그곳에 모여있었다. 짐을 다 꾸려 놓은 후라, 그의 집에 남아있는 것은 총 자국이

선명한 벽뿐이었다. 우리는 모두 의자에 앉았다. 집 주인은 그날 따라 기분이 매우 좋아 보였으며, 덩달아 모든 사람들의 기분도 금세 좋아졌다. 쉴 새 없이 병 마개를 따는 소리가 들렸고, 가득 찬 술잔은 거품을 일으키며 계속해서 쉬쉬 소리를 냈다. 우리는 길을 떠나는 사람에게 진심으로 안녕과 행운을 기원해 주었다. 늦은 밤이 되어서야 사람들이 하나 둘 자리를 뜨기 시작했다. 손에 군모를 든 장교들을 배웅해 주던 실비오는 갑자기 나의 팔을 잡고 막 나가려던 나를 잠시 멈춰 세웠다.

"나랑 얘기 좀 하세."

그는 이렇게 속삭였다. 그래서 나는 남게 되었다.

손님들은 모두 떠나고, 우리 둘만 남았다. 우리는 마주보고 앉아 아무 말도 하지 않고 파이프 담배를 피웠다. 실비오는 불안해 하고 있었다. 아까 보여 주었던 과장된 즐거움은 찾아 볼 수 없었다. 어둡고 창백한 얼굴, 번뜩이는 눈동자, 그리고 그의 입에서 뿜어져 나오는 짙은 연기. 영락없는 마귀의 모습이었다. 몇 분이 지난 후, 실비오가 침묵을 깨고 입을 열었다.

"아마 이제는 두 번 다시 만나지 못할 걸세."

그가 입을 열었다.

"떠나기 전에 자네에게 할말이 있네. 자네도 이미 느꼈겠지만, 나는 다른 이의 의견을 존중하지 않는 편이지. 하지만 자네만큼은 좋아한다네. 그래서 자네가 나에 대해 어떤 나쁜 인상을 갖게 된다면 괴로울 것 같아서 하는 말이네."

그는 멈춰 서서 불이 꺼진 자신의 파이프에 담배를 다져 넣었다. 나는 눈을 내리 깔고는 아무 말도 하지 않았다.

"자네가 보기에는 이상했을 거야."

그가 말을 이었다.

"내가 그 술 취한 미치광이 R***에게 왜 결투를 신청하지 않았는지 말이야. 자네도 인정하겠지만 나에게는 무기를 고를 권리가 있었고, 그 자의 목숨은 내 손아귀에 있는 거나 다름 없었지. 물론 내 목숨은 걱정할 필요조차 없었고 말이야. 내가 그 자에게 관용을 베푼 것이라고 하고 그냥 넘어 갈 수도 있겠지만 나는 거짓말을 하고 싶지는 않네. 내 생명에 전혀 지장이 없는 상황에서 R***을 응징할 수 있었다면, 그 자를 절대 용서하지 않았을 거네.”

나는 깜짝 놀라서 실비오를 쳐다보았다. 그의 이러한 고백에 나는 놀라지 않을 수 없었다. 실비오는 계속해서 말을 이어나갔다.

“맞아. 나는 내 생명을 위태롭게 할 권리가 없네. 6년 전 나는 뺨을 맞은 적이 있고, 나를 모욕한 그 놈이 아직도 살아있기 때문이지.”

갑자기 나는 호기심이 발동했다.

“그 자와 결투하지 않았나요?”

내가 물었다.

“어쩔 수 없이 그 자와 헤어질 상황이었나 보군요?”

“그 자와 결투를 했었지.”

실비오가 말했다.

“이게 바로 내 결투의 추억이네.”

실비오는 일어나 종이 상자에서 금술과 레이스가 달린 빨간 모자(프랑스에서 bonnet de police라고 부르는 모자)를 꺼내어 머리에 썼다. 모자에는 이마 부분에서 1베르쇼끄[3] 정도 위에 총알 구멍이 나 있었다.

실비오가 말을 이었다.

“알다시피 나는 ***기병대에서 근무했었네. 내 성격은 자네도 잘 알다시피 어떤 일이든지 남보다 앞서는 것을 좋아하지. 앞서 나간다는 건 젊은 시절부터 내 열정 그 자체였네. 그 시절엔 그런 거친 행동이 하나의 유행이었지. 나는 우리 부대에서 제일가는 싸움꾼이었어. 술이 센 것을 자랑으로 여기던 시절이었네. 나는 데니스 다비도프[4]가

---

3 미터법 사용 이전 러시아에서 쓰이던 단위로 1베르쇼끄는 4.445센티미터이다.
4 Danis Davydov (1784 ~ 1839), 군생활을 묘사한 작품이 많은 뿌쉬낀과 동시대의 시인.

칭찬한 그 유명한 부르초프[5]와 대작해서 이기기도 했었지. 우리 부대에서는 한시라도 결투가 일어나지 않는 적이 없었어. 나는 모든 결투의 당사자이거나 증인이었을 만큼 내가 끼지 않았던 사건은 거의 없었네. 동료들은 나를 열렬히 환호해 주었지만, 계속 교체되는 연대장들은 나를 못 잡아 먹어 안달이었지.

나는 마음 놓고 (어쩌면 마음을 졸이면서) 나의 명성을 즐기고 있었네. 그러던 어느 날 우리 연대에 부유하고 집안도 좋은 한 젊은이가 배치되었어. (이름은 굳이 밝히고 싶지 않네) 나는 태어나서 그 젊은이만큼 항상 운이 따르고 멋진 사람을 본 적이 없었네! 젊음, 총기, 수려한 외모, 도에 지나칠 정도의 쾌활함, 거침없는 용기, 알아주는 집안, 넘쳐나는 돈. 그런 그가 우리에게 어떤 영향을 끼쳤는지 한 번 생각해 보게. 항상 최고였던 나의 위치가 흔들리기 시작한 거지. 나의 명성에 끌린 그도 처음엔 나와 친해지려고 했지만 내가 냉담하게 대하자 미련 없이 나를 떠나 버리더군. 나는 그를 증오하기 시작했네. 군대에서, 그리고 여자들 사이에서 그의 인기가 높아지는 것을 나는 더 이상 참을 수 없었지. 난 매우 절망적이었다네. 그리고는 그와 싸움 트집을 잡을 기회만 노리고 있었지. 내 풍자시에 그도 항상 풍자시로 답해왔는데, 그의 풍자시는 내가 생각도 못 할 만큼 예리하고 유쾌하기까지 했었네. 그는 그냥 농담 삼아 하는 것이었지만, 나는 아주 악에 받쳐있었어. 그러던 어느 날 폴란드 사람의 영지에서 열린 무도회에서 그가 모든 여성들의 관심을 받고, 특히 나와 예전에 관계가 있었던 한 여인의 눈길을 끌었을 때, 나는 그의 귀에 대고 모욕적인 말을 내뱉었지. 그러자 그의 얼굴이 시뻘개지더니 내 뺨을 갈기지 않겠나. 우리는 동시에 칼을 꺼내 들었지. 여자들 중에는 놀라서 기절하는 사람도 있었어. 사람들이 우리를 떼어 놓았고. 바로 그날 밤 우리는 결투를 하게 되었네.

때는 새벽이었어. 나는 약속한 장소에 세 명의 입회인들과 함께 서 있었지. 나는 형용할 수 없는 초조함에 휩싸여 그를 기다리고 있었네. 봄의 태양이 떠올랐고, 날은

---

5 Alexei Petrovich Burtzev (? ~ 1813) 술꾼으로 유명했던 러시아 경비병 연대의 장교.

이미 더워지기 시작했지. 마침 멀리서 오고 있는 그가 보였네. 그는 제복을 입고 칼을 차고 걸어 오고 있었고, 그 옆에는 한 명의 입회인이 동행하고 있었지. 우리도 그를 향해 걸어갔네. 그는 버찌가 가득 들어있는 모자를 들고 다가오고 있었어. 입회인들은 우리에게 열두 걸음씩 떨어지도록 했네. 내가 먼저 쏠 차례였지. 하지만 내 안에 가득 찬 악한 감정이 너무나 강렬해서 제대로 조준할 수 없을 것 같았어. 그래서 나는 조금 더 침착해진 후에 쏘려고 그에게 먼저 쏘도록 양보했지만 그 놈은 받아들이지 않았네. 결국 제비 뽑기를 했고 영원한 행운아인 그가 첫 번째 순서를 뽑았지. 그는 나에게 총을 겨누고 나의 모자를 맞췄네. 이제 내 차례가 되었지. 마침내 그의 목숨이 내 손안에 들어 온 것이야. 나는 그가 조금이라도 불안해 하는 모습을 놓치고 싶지 않아서 그를 뚫어지게 노려보았네……. 하지만 그는 자신을 겨누고 있는 총 앞에 서서 잘 익은 버찌를 모자에서 골라먹고 씨를 뱉는 게 아닌가? 그 놈이 뱉은 씨가 내 발 밑까지 날아와 떨어졌네. 그의 그런 담담함이 일순간 나를 미치게 만들었지. 놈이 목숨을 전혀 소중하게 여기지 않는데 목숨을 뺏는 게 무슨 소용이란 말인가? 그때 아주 사악한 생각이 내 머릿속에 떠올랐어. 나는 들고 있던 총을 내려놓았네.

'자네 아직 죽을 때가 아닌 것 같군.'

내가 말했어.

'그냥 계속 아침이나 먹게나. 더 방해하고 싶지 않네.'

내가 말하자 그가 이렇게 대답했다네.

'아뇨, 전혀 방해되지 않아요. 그냥 편할 대로 총을 쏘세요. 아직 당신한테 마지막 한 발이 남았으니, 전 그 한 발을 받아들일 준비가 돼 있어요.'

나는 입회인들에게 지금은 쏠 생각이 없다고 말했고, 그 결투는 그렇게 끝이 났지.

그 후 퇴역하여 이곳으로 왔네. 그날 이후, 난 단 하루도 복수를 잊은 날이 없었지. 이제 때가 된 거야……."

실비오는 주머니에서 아침에 받은 편지를 꺼내 내게 읽어보라고 건네 주었다. 어떤 '매우 저명하신 분'이 곧 젊고 아름다운 한 아가씨와 결혼을 한다는 내용의 편지를 모스끄바에서 누군가(아마 그의 하수인인 것 같았다)가 써 보낸 것이다.

"누군지 알겠나?"

실비오가 말했다.

"그 '매우 저명하신 분'이 누군지 알겠냔 말이네. 난 모스끄바로 갈 꺼야. 그래서 그 자가 자기의 결혼을 앞둔 지금에도 언젠가 그랬던 것처럼 버찌를 먹으며 담담하게 죽음을 맞이할 수 있는지 내 눈으로 지켜보겠네!"

이렇게 말하며 실비오는 일어섰다. 자신의 모자를 바닥에 던지고는 마치 우리에 갇힌 한 마리의 호랑이처럼 방안을 서성거리기 시작했다. 나는 꼼짝도 하지 않고 그의 말에 귀를 기울이고 있었다. 미묘하고 모순된 감정이 나를 감쌌다.

하인이 들어와서 말이 준비되었음을 알렸다. 실비오는 나의 손을 꽉 잡았고, 우리는 작별의 키스를 했다. 그는 마차에 몸을 실었다. 마차에는 가방 두 개가 있었는데, 한 가방에는 총이 들어있었고, 다른 가방에는 짐이 들어있었다. 우리는 다시 한번 작별 인사를 했고, 말은 떠나갔다.

II

몇 해가 지난 후, 나는 가정 형편으로 인해 어쩔 수 없이 N***라는 가난한 시골로 이사를 했다. 농사를 지으면서 나는 예전의 시끌벅적하고 걱정 없던 날들을 한시도 잊어 본적이 없었다. 무엇보다도 힘들었던 것은 가을과 겨울의 기나긴 밤을 고독하게 보내야 한다는 것이었다. 점심 때까지는 마을 이장과 이야기를 나누거나, 일터를 돌아다녀보고, 새로운 시설을 둘러보면서 그럭저럭 시간을 때울 수 있었다. 하지만 곧 날이 어두워지면, 나는 정말로 뭘 어떻게 해야 할지 몰라 안절부절못했다. 창고와 책장 밑에서 찾아낸 몇 권 안 되는 책은 다 외울 정도로 읽었다. 하녀인 끼릴로브나는 그녀가 알고 있는 모든 이야기를 나에게 반복해서 들려주었다. 시골 아낙네들의 노래를 들으면 더욱더 울적해졌다. 나는 아직 덜 익은 과실주를 마셔도 보았지만 머리만 아플

뿐이었다. 솔직히 인정하건대, 나는 이런 시골에서 흔히 찾아 볼 수 있는 비탄에 빠진 괴로운 술주정뱅이, 다시 말해서 알코올 중독자가 될까 봐 두려웠다. 내 주변에는 두 세 명의 술주정뱅이들 말고는 친한 이웃도 없었고, 그들과의 대화라고 해 봤자 대부분이 한숨과 딸꾹질뿐이었다. 차라리 고독이 더 참을 만 했다.

우리 집에서 약 4베르스따[6] 떨어진 곳에 부유한 B*** 백작 부인이 소유한 영지가 있었다. 하지만 그 영지에는 관리인만 살고 있을 뿐, 정작 주인인 백작 부인은 결혼 한 첫해 한 달도 살지 않고 영지를 떠났다. 그러던 어느 날, 내가 이 시골로 들어와 조용한 은둔 생활을 시작한 후 두 번째 맞는 봄에 백작 부인이 남편과 여름쯤에 영지에 온다는 소문이 돌았다. 그리고 정말로 그들은 6월 초에 이곳에 도착했다.

부자 이웃이 온다는 것이 이곳 시골 사람들에게는 매우 중대한 사건이었다. 지주들과 소작인들은 백작 부부가 오기 두 달 전부터 그들이 떠난 후 3년 동안 계속해서 이 사건에 대해 입방아를 찧었다. 솔직히 말해서 젊고 멋진 이웃들이 온다는 소식에 나 자신도 적잖게 흥분했다. 나는 그 백작 부인이 몹시 보고 싶었고, 그래서 백작 부부가 이곳에 온 첫 번째 주 일요일에 점심 식사를 마치자마자 ***마을로 향했다. 나는 가까운 이웃으로서, 그리고 충직한 추종자로서 그들과 사귀고 싶었다.

하인은 나를 백작의 서재까지 안내해주고는 내가 왔음을 알리러 갔다. 넓은 서재는 온갖 화려한 장식으로 꾸며져 있었다. 사방 벽에는 책으로 가득 찬 책장이 있었고, 그 위에는 청동 흉상이 놓였으며, 대리석 벽난로 위에는 커다란 거울이 걸려 있었고, 바닥은 모직으로 된 초록색 카펫으로 덮여 있었다. 이런 화려함과는 거리가 먼 초라한 집에서 살고 있던 나는 오랫동안 보지 못했던 낯선 화려함에 주눅이 들었다. 나는 마치 시골에서 청원하러 온 사람이 관료를 기다리는 것처럼 두근거리는 마음으로 백작을 기다렸다. 문이 열리고 서른두 살쯤 되어 보이는 수려한 외모의 남자가 들어왔다. 백작은 호탕하고 친절한 태도로 내게 다가왔다. 나는 용기를 내어 통성명을 하려고

했지만 그가 먼저 인사를 걸며 나를 자리로 이끌었다. 우리는 함께 앉아서 이야기를 나누기 시작했다. 그가 친절하면서도 자연스럽게 대화를 이끌어 나갔기 때문에, 숫기 없고 낯을 가리는 나의 수줍음도 이내 사라졌다. 내가 점차 일상의 평정을 되찾을 무렵 백작 부인이 불쑥 들어왔고, 나는 오히려 조금 전 보다 더 크게 당황하여 안절부절 못했다. 실제로 그녀는 굉장한 미인이었다. 백작이 나를 그녀에게 소개했다. 나는 그녀를 자연스럽게 대하고 싶었지만 그렇게 하려고 애쓰면 애쓸수록 더욱 어색해지기만 했다. 백작 부부는 내가 이 어색한 분위기에 적응하고 새로운 만남에 익숙해질 만한 시간을 가지라는 배려로 둘이서 얘기를 나누었다. 그러면서 내게 친한 이웃 대하듯 격의 없이 행동했다. 그 동안 나는 방안 여기저기를 돌아다니면서 책과 그림을 구경하였다. 그림에 대해서는 문외한이었지만, 유독 나의 주목을 끄는 그림이 하나 있었다. 스위스의 어떤 풍경을 담은 그림이었는데, 내가 몹시 놀랐던 것은 그림 속 풍경 때문이 아니라, 그림 위의 같은 곳을 뚫고 지나간 두 발의 총탄 자국 때문이었다.

"사격 솜씨가 훌륭하시군요."

나는 백작을 돌아보며 말했다.

"네, 그렇습니다."

그가 대답했다.

"사격솜씨라면 어디 가서 빠지지 않습니다. 당신도 사격을 잘하십니까?"

그가 말을 이으며 물었다.

"제법 합니다."

나는 마침내 내가 잘 아는 얘깃거리로 화제가 바뀐 것을 기뻐하며 대답했다.

"삼십 보 거리에서도 카드를 명중시킬 수 있답니다. 물론 손에 익은 총일 경우에 말입니다."

"정말이세요?"

백작 부인이 매우 흥미로운 눈초리로 물었다.

"여보, 당신도 삼십 보 거리에서 카드를 맞힐 수 있나요?"

"언제 한번 겨루어 봐야겠는걸."

　부인의 물음에 백작이 이렇게 대답했다.

"왕년에는 저도 제법 잘 쐈는데, 총을 안 잡은 지가 벌써 4년이나 지나서 말입니다."

"아."

　나는 대답했다.

"그렇다면 장담하건대, 백작님께선 이십 보 거리에서도 카드를 맞히기 힘들 겁니다. 사격은 매일 연습해야 하거든요. 제 경험으로 터득한 것이지요. 저는 우리 연대에서 명사수 중 한 사람이었답니다. 그런데 언젠가 제 총이 수리 중이어서 한달 내내 권총을 잡지 못했던 적이 있었습니다. 그 후 어떻게 됐을 거라고 생각하십니까, 백작님? 그 후 처음으로 총을 잡았을 때, 이십오 보 거리에서 병을 맞히는데 네 번이나 연속으로 빗나가질 뭡니까. 그 당시 우리 연대엔 입담 좋기로 유명한 익살 맞은 대위가 있었는데, 마침 그 모습을 보고 내게 이렇게 말하더군요.

　'이 친구야, 자네 손이 병을 맞힐 기분이 아닌가 보군.'

"백작님! 연습을 무시하시면 안됩니다. 연습을 게을리 하면 바로 잊어버리거든요. 제가 만나 본 어떤 명사수는 매일 저녁 식사 전에 최소한 세 발은 쏘는 연습을 했습니다. 그에게는 사격 연습이 이미 습관이 된 것이지요. 마치 식사 전에 보드가 한잔을 마시는 것처럼 말입니다."

　백작 부부는 내가 얘기를 시작하자 기뻐했다.

"그의 사격 솜씨는 도대체 어느 정도였습니까?"

　백작이 물었다.

"예, 백작님. 이런 일이 있었습니다. 그는 벽에 파리가 앉은 것을 보면 말입니다, 백작 부인께선 웃으시는데요, 하지만 이 얘기는 정말입니다. 어쨌든 그 사람은 벽에 붙은 파리를 보면 항상 이렇게 외칩니다.

　'꾸지까, 총 가져와!'

　그리면 꾸지까가 장전된 권총을 가져다 줍니다. 그 사람이 탕 하고 쏘면, 파리가 그대로 벽 속에 처박히는 겁니다.”

“정말 놀랍군요!”

백작이 말했다.

“그 사람 이름이 뭡니까?”

“실비오라는 사람이었습니다, 백작님.”

“실비오라고!”

백작이 벌떡 일어나며 외쳤다.

“당신도 실비오를 아십니까?”

“모를 리가 없죠, 백작님. 우리는 가까운 친구 사이였거든요. 그는 우리 연대에서 동료들과 똑같은 대우를 받았었죠. 그러고 보니 그 사람 소식을 못 들은 지가 벌써 5년 이나 지났군요. 아니, 그런데, 백작님께서도 실비오를 알고 계신다는 말씀이십니까?”

“알지요, 그것도 아주 잘 압니다. 혹시 그가 당신에게 말해 주던가요……? 아냐, 말했을 리가 없어……. 혹시 그가 아주 기이한 사건에 대해 이야기 해주지 않았습니까?”

“혹시 뺨 맞은 이야기를 말씀하시는 겁니까, 백작님? 무도회에서 어떤 난봉꾼에게 뺨 맞은 그 사건 말입니다.”

“그럼 그 자가 그 난봉꾼의 이름도 말해주었습니까?”

“아닙니다. 백작님. 얘기 해주지 않았습니다만……. 아, 백작님!”

나는 그제서야 사건의 진상을 파악하고 말을 이었다.

“죄송합니다……. 전 몰랐습니다……. 혹시 백작님께서……?”

“맞습니다. 바로 접니다.”

백작은 매우 당황스러운 얼굴로 대답했다.

“총탄으로 뚫린 저 그림이 우리가 마지막 만났을 때의 기념비라고 할 수 있죠…….”

“아, 여보!”

그 때 백작 부인이 입을 열었다.

“제발 그 얘기만은 하지 말아줘요. 그 일이라면 무서워서 더 이상 듣고 싶지 않아요.”

"아니오."

부인의 말에 백작이 반박했다.

"모두 다 말해야겠소. 이 분은 내가 그 사람을 어떻게 모욕했는지 알고 있소. 그러니 실비오가 내게 어떻게 복수했는지도 알려주어야겠소."

백작은 내게 앉을 것을 권했고, 나는 강한 호기심에 휩싸여 그의 다음 이야기에 귀를 기울였다.

"나는 5년 전에 결혼했습니다. 결혼 후 첫 달, 그러니까 신혼을 이곳에서, 바로 이 마을에서 지냈었죠. 제 인생에서 가장 행복했던 시절과 가장 힘든 시절의 기억들이 함께 이 집에 고스란히 담겨있습니다.

어느 날 저녁 저는 아내와 말을 타고 산책을 하고 있었습니다. 그런데 아내의 말이 웬일인지 고집을 피우더군요. 아내는 놀란 나머지 제게 고삐를 건네 주고는 걸어서 집으로 갔죠. 전 아내보다 앞서 집에 도착했습니다. 집에 와보니 정원에 낯선 마차 한대가 서 있는 것이 아닙니까. 나에게 볼일이 있다며 이름을 밝히지 않은 어떤 남자가 내 서재에서 나를 기다리고 있다는 겁니다. 서재에 들어서자 수염이 덥수룩한 먼지투성이의 한 남자가 어둠 속에 서 있더군요. 그는 벽난로 옆, 바로 여기에 서 있었습니다. 나는 그가 누구인지 기억해 내려고 애쓰면서 그에게 다가갔습니다.

'내가 누군지 모르겠나, 백작?'

그가 떨리는 목소리로 묻더군요.

'실비오!'

순간 내가 외쳤습니다. 솔직히 말하면, 그 순간에는 머리칼이 정말 쭈뼛쭈뼛 위로 곤두서는 것 같았습니다.

그가 이어 말했습니다.

'바로 맞혔네. 내게 마지막 한 발이 남아있지. 내 권총에 남은 한발을 마저 쏘아 없애려고 왔네. 준비 됐나?'

그의 옆 호주머니에는 권총이 삐져나와 있는 것이 보였습니다. 나는 12보 거리를 재어서 저쪽 구석에 섰지요. 그리고는 될 수 있으면 아내가 돌아오기 전에 빨리 쏘라고 그에게 부탁했습니다. 그러나 그는 불을 달라고 하면서 시간을 끌더군요. 그래서 곧바로 촛불을 가져다 주었지요. 나는 문을 걸어 잠그고, 아무도 방안에 들이지 말라고 지시했습니다. 그리고 다시 한번 그에게 빨리 쏘라고 부탁했습니다. 마침내 그는 권총을 꺼내서 나를 겨누었습니다……. 그 순간 나는 초를 세웠습니다……. 그리고 아내를 생각했습니다……. 정말 끔찍한 일 분이었습니다! 그런데 웬일인지 실비오가 그냥 손을 내리더군요. 그리고는 이렇게 말했습니다.

'유감스럽게도 내 총에 장전된 건 버찌 씨가 아닐세……. 총탄이 무겁군. 지금 결투를 하는 게 아니라 살인을 저지르는 것 같단 말이야. 난 무기도 없는 사람을 겨냥하는 일에 익숙하지 않아. 우리 다시 시작하기로 하지. 누가 첫 발을 쏠지 제비 뽑기를 하세.'

그 순간 나는 머리가 빙빙 돌았습니다……. 나는 싫다고 했던 것 같습니다……. 그러나 결국 우리는 또 한 자루의 총을 장전하였습니다. 그리고 두 개의 제비를 만들었습니다. 그는 두 개의 제비를 옛날에 내가 총알로 뚫었던 그 모자 속에 넣었습니다. 내가 또 다시 첫 번째 번호를 뽑았습니다.

'어이! 백작! 당신은 지독하게도 운이 좋군.'

그는 내가 절대 잊을 수 없는 냉소적인 미소를 지으며 그렇게 말했습니다. 그 때 내게 무슨 일이 있었는지, 어떻게 그가 나를 그렇게 만들 수 있었는지 지금으로선 도저히 이해할 수 없습니다……. 그러나 어쨌든 나는 그를 쏘았고, 바로 이 그림을 맞힌 겁니다."

(백작은 총탄으로 뚫린 그림을 손가락으로 가리켰다. 그의 얼굴은 흥분하여 불처럼 달아올랐고, 백작 부인의 얼굴은 그녀의 새하얀 손수건보다도 더 하얗게 질려 있었다. 나는 놀라움을 감출 수 없었다.)

"저는 총을 쏘았습니다."

백작은 말을 이었다.

"천만다행으로 빗나갔습니다. 그러자 실비오가…… (그 순간 백작은 그 때의 공포를

느끼는 것 같았다) 실비오가 나를 겨냥했습니다. 그 때 갑자기 문이 열리고 내 아내 마샤가 뛰어 들어오더니 비명을 지르며 내 목에 매달렸습니다. 아내를 보자 나는 다시 용기를 얻을 수 있었습니다.

'여보.'

나는 그녀에게 말했습니다.

'지금 우리가 장난치고 있는 게 보이자 않소? 뭘 그리 놀라시오? 가서 물 한잔 마시고 와요. 내 오랜 친구를 소개해 주리다.'

그러나 마샤는 내 말을 믿지 않았습니다.

'말씀해 주세요. 남편 말이 사실인가요?'

아내는 무섭게 생긴 실비오를 돌아보며 이렇게 묻더군요.

'두 분이 정말 장난치고 계신 게 맞나요?'

'백작 부인, 당신 남편은 장난을 잘 친답니다.'

실비오가 아내에게 대답했습니다.

'어느 날은 장난으로 내 따귀를 때리고, 또 어느 날은 장난으로 이 모자를 꿰뚫었고, 그리고 지금은 또 장난 삼아 나를 빗맞혔습니다. 이제는 내가 장난을 치고 싶군요⋯⋯.'

이 말이 떨어지기가 무섭게 그는 총을 들어 나를 겨누었습니다⋯⋯. 아내 앞에서 말이죠! 마샤는 그의 발 앞에 엎드려 애원했습니다.

'마샤! 일어나요. 부끄럽지도 않소!'

나는 미친 듯이 소리를 질러댔죠.

'그리고 당신 말이야! 불쌍한 여자를 조롱하는 것 좀 그만 둘 수 없겠나? 대체 쏠 건가, 말 건가?'

그러자 실비오가 대답했습니다.

'안 쏘겠네.'

'난 이제 만족하네. 자네가 잔뜩 겁먹은 채 당황해 하는 꼴을 봤으니 말일세. 나는 자네가 날 쏠 수밖에 없도록 만들었네. 이걸로 충분히 만족하네. 이젠 평생 날 잊지 못할 걸세. 자네 스스로의 양심에 맡기도록 하지.'

그리고는 방을 막 나가려다가 문가에 멈추어 서더군요. 내가 쏜 그림을 물끄러미 쳐다보더니 제대로 겨냥하지도 않은 채 그림을 향해 총알을 날렸습니다. 그리고는 사라졌습니다. 제 아내는 끝내 기절해 버렸지요. 하인들은 감히 그를 붙잡지도 못하고 겁에 질려 쳐다보고만 있었답니다. 그는 현관으로 나가 큰 소리로 마부를 불러 내가 미처 정신을 차리기도 전에 떠나버렸습니다."

백작은 입을 다물었다. 나는 그토록 내게 강한 인상을 주었던 한 이야기의 결말을 이렇게 알게 되었다. 나는 이 이야기의 주인공을 다시는 만나지 못했다. 들리는 소문에 의하면 실비오는 알렉산데르 입셀란테스[7] 반란 때 에타이레이아 필리케[8]를 이끌다가 스꿀랴니 전투[9]에서 전사했다고 한다.

---

7 Alexander Ypsilantis (1792 ~ 1828), 그리스 독립 운동 투사.
8 Etaireia Philike, 19세기 초 투르크로부터 그리스 독립을 쟁취하기 위해 조직된 비밀 결사대.
9 1821년 6월 29일 몰다비아에서 있었던 전투.

Russian Short Story :: 02

02

운명론자

레르몬또프 | Lermontov

언젠가 나는 군(軍) 왼쪽 진영에 있던 까자끄 마을의 한 부대에 2주일 간 머문 적이 있다. 그 곳에 주둔하고 있던 보병대 장교들은 번갈아 가며 서로의 숙소에 모여 저녁마다 카드놀이를 하곤 했다.

　어느 날, 우리는 보스톤 게임[1]에 싫증이 나서 책상 밑으로 카드를 치워버린 채 S소령의 숙소에 늦게까지 머물러 있었다. 우리의 대화는 평소와 다르게 매우 흥미진진했다. 인간의 운명은 하늘이 정한다는 이슬람교의 믿음을 추종하는 자들이 그리스도교인 사이에도 있다라는 내용으로 격론이 오고 갔다. 제각기 찬반에 관련된 여러 가지 특이한 사건들을 꺼내놓기 시작했다.

　"여러분, 그런 이야기를 증명할 사람은 아무도 없습니다. 여러분 중에서 어느 누구도 그런 기이한 사건을 직접 목격한 적은 없지 않습니까?"

　나이 든 소령이 말했다.

---

1 카드놀이의 일종인 휘스트(whist) 게임의 변형.

"물론 그런 사람은 아무도 없습니다. 그렇지만 다 믿을만한 사람한테 들은 얘기입니다……."

사람들이 대답했다.

"다 헛소리요!"

누군가 말했다.

"우리가 죽을 시간이 언제인지 적혀있는 명부를 봤다는 사람이 도대체 어디 있습니까? ……만약 하늘이 정해놓은 운명이라는 것이 정말로 존재한다면, 도대체 왜 우리에게 자유 의지와 이성이 있는 것입니까? 왜 우리는 자신의 행동에 대한 이유를 찾아야 하는 것입니까?"

이 때, 방 구석에 앉아 있던 한 장교가 일어나 테이블 쪽으로 천천히 걸어오더니, 침착하면서도 오만한 시선으로 우리를 둘러보았다. 그의 이름에서 알 수 있듯이 그는 세르비아 출신이었다.

불리치 육군 중위의 외모는 그의 성격과 딱 맞아 떨어졌다. 큰 키, 거무스름한 얼굴, 검은 머리칼, 날카로운 검은 눈동자, 세르비아 민족의 특징인 크지만 균형 잡힌 코, 그리고 우수에 찬 차가운 미소가 항상 맴돌고 있는 입. 이 모든 것은 그가 운명적으로 동료로 맺어진 사람들과 서로의 생각이나 열정을 나눌 수 없는 특별한 존재임을 나타내는 것처럼 보였다.

그는 용감했고, 말수는 적었지만 신랄했으며, 그 누구에게도 자신의 생각이나 가족사를 털어놓지 않았다. 술은 거의 마시지 않았고, 보지 않고서는 아름다움을 가늠할 수 없을 만큼 매력적으로 아름답고 젊은 까자끄 여인들의 뒤꽁무니를 쫓아다니는 일도 없었다. 언젠가 연대장의 아내가 무언가를 호소하는 듯한 그의 깊은 눈동자에 매료되어 호감을 갖고 있다는 소문이 돌았던 적이 있다. 그러나 사람들이 이 얘기를 슬쩍 꺼내기만 해도 그는 정말로 크게 화를 냈었다.

그런 그가 숨기지 않았던 열정이 딱 하나 있었는데, 바로 도박에 대한 것이었다. 그는 초록색 카드 테이블 앞에 앉기만 하면 만사를 잊고 덤벼들었지만, 게임에서는 늘 지기

일쑤였다. 그러나 계속되는 실패는 그의 도박에 대한 집착을 더욱 부채질할 뿐이었다. 사람들이 말하길, 원정 전투에 나선 어느 날 밤, 그가 물주가 되어 베갯머리에서 카드를 돌리고 있었는데, 그날 따라 지독하게도 운이 좋았다고 한다. 그 때 갑자기 총소리가 빗발치더니 전투경보가 울렸고, 모든 대원이 벌떡 일어나 무기가 있는 쪽으로 뛰어갔다.

"가진 돈을 몽땅 걸어!"

불리치는 일어나지도 않고 가장 열심인 도박꾼 중 한 사람에게 외쳤다.

"7에 걸겠어."

그 상대는 뛰어나가며 대답했다. 정신 없이 혼란한 상황임에도 불구하고 불리치는 카드 패를 돌렸고, 카드 한 판이 다 돌려졌다.

그가 전장에 나타났을 때, 그 곳에서는 이미 격렬한 총격전이 벌이지고 있었다. 그러나 불리치는 날아오는 총탄도 체첸군의 검도 전혀 신경 쓰지 않았고, 오직 아까 그 운 좋은 도박 상대를 찾는 데만 혈안이 되어 있었다.

"7이 나왔어!"

불리치는 이제 막 숲에서 적군을 몰아내기 시작한 척후병들 사이에 그가 있는 것을 발견하고는 그에게 가까이 다가가면서 이렇게 외쳤다. 그리고는 돈을 주고 받기 곤란한 상황이라는 만류에도 불구하고, 지갑을 꺼내어 그 행운아에게 돈을 주었다. 이 불쾌한 빚 청산을 끝내고 나서 그는 앞으로 돌진하며 군인들을 이끌었고, 체첸군과 총격전이 끝날 때까지 줄곧 냉담한 태도였다고 한다.

불리치 중위가 탁자 쪽으로 다가오자, 모두들 그에게서 뭔가 기발한 생각이 나올 것을 기대하며 입을 다물었다.

"여러분!"

그가 입을 열었다. (그의 목소리는 평소보다 낮았지만 침착했다.)

"여러분! 왜 쓸데없는 논쟁을 벌이십니까? 여러분은 증거를 원하고 있지 않습니까? 전 여러분이 직접 자기 자신한테 시험해 볼 것을 제안합니다. 인간이 자신의 목숨을 마음대로 할 수 있는지, 아니면 우리 각자에게 운명의 시간이 미리 정해져 있는지 말입니다……. 누구 지원자 없습니까?"

"난 안 할테요."

"나도 안 하겠소."

여기저기서 이런 말이 터져 나왔다.

"정말 괴짜야. 저런 생각을 해내다니!"

이 때 장난 삼아 내가 나서서 말했다.

"내기를 걸겠소."

"어떤 내기를 하겠다는 거요?"

"나는 운명이란 건 없다고 확신합니다."

나는 탁자 위에 금화를 스무 개 정도 던지며 말했다.

"이게 내 주머니에 있는 전부요."

"알았소."

불리치가 둔탁한 목소리로 답했다.

"소령님, 소령님께서 심판이 되어주십시오. 저도 여기 금화 열다섯 개를 걸겠습니다. 소령님께서 나머지 금화 다섯 개만 더 보태주십시오."

"좋소."

소령이 말했다.

"그런데 난 정말 뭐가 뭔지 모르겠군요. 어떻게 논쟁을 증명할 셈이오……?"

그러자 불리치가 말없이 소령의 침실로 갔고, 우리는 그를 따라갔다. 그는 무기가 걸려 있는 벽 쪽으로 가더니 여러 가지 구경의 권총 중에서 아무거나 하나를 집었다. 우리는 여전히 영문을 몰랐다. 그러나 그가 권총의 격철을 올리고 화약을 가득 채우는 것을 보고는 몇몇 사람들이 자기도 모르게 소리를 지르며 그의 두 손을 붙잡았다.

"자네 무슨 짓을 하려는 건가? 이봐, 이건 미친 짓이야!"

모두가 그에게 소리쳤다.

“여러분!”

그는 동료들의 손을 뿌리치며 천천히 말했다.

“나에게 금화 스무 개를 걸 사람 누구 없습니까?”

모두 입을 다물었고, 그에게서 물러섰다.

불리치는 다른 방으로 들어가 탁자에 앉았다. 모두가 그를 따라갔다. 그는 우리에게 둘러 앉으라는 손짓을 했고 모두들 말없이 그가 하라는 대로 따랐다. 그 순간 불리치는 우리에게 어떤 알 수 없는 영향력을 발휘하고 있었다. 나는 그의 눈을 가만히 응시했다. 그러나 그는 침착하고 흔들림 없는 시선으로 나의 조심스러운 눈빛을 맞받아치고는 창백한 입술로 미소를 지었다. 그러나 냉담해 보이는 듯했음에도 불구하고, 나는 그의 창백한 얼굴에서 죽음의 그림자를 읽을 수 있었다. 몇 시간 후에 죽음을 맞이할 인간의 얼굴에서는 피할 수 없는 운명의 어떤 이상한 기운이 느껴지기 마련이며, 이런 내 의견에 많은 선임병들도 동의한 바 있다. 그런 것에 익숙한 내 눈이 실수한 적은 없었다.

“당신은 오늘 죽을 것이오!”

내가 그에게 말했다. 그는 재빨리 내 쪽으로 돌아서며, 천천히 그리고 침착하게 대답했다.

“그럴 수도 있고, 그렇지 않을 수도 있지…….”

그리고 나서 소령을 돌아보며 권총이 장전되어 있는지를 물었다.

소령은 당황해 잘 기억하지 못했다.

“이제 적당히 해두게, 불리치!”

누군가 소리쳤다.

“머리맡에 걸려 있었다면 틀림없이 장전되어 있을 걸세. 장난은 이제 좀 그만 두게나……!”

“바보 같은 짓이야!”

다른 사람이 말을 받았다.

"권총이 장전돼 있지 않다는 쪽에 5루블이 아니라 15루블을 걸겠소."

또 다른 사람이 소리쳤다.

이렇게 하여 새로운 내기가 성립되었다.

나는 이런 시간만 질질 끄는 의식에 질려버려서는 말했다.

"이봐요. 빨리 쏘던지 아니면 권총을 제자리에 두고 자러 갑시다."

"맞소. 그냥 어서 가서 잡시다."

많은 사람들이 소리쳤다.

"여러분! 그 자리에서 꼼짝 마시오."

불리치가 총구를 자신의 이마에 갖다 대고 말하자 모든 사람들이 돌처럼 굳어버렸다.

"뻬초린씨, 카드를 집어서 위로 던지시오."

그가 덧붙여 나에게 말했다.

지금 기억하기로는 내가 그때 탁자에서 에이스 카드를 집어 던졌던 것 같다. 사람들은 숨을 죽였고, 알 수 없는 호기심과 공포로 가득 찬 수 많은 눈들이 권총으로부터 허공에서 천천히 흔들리며 떨어지는 에이스 카드로 옮겨갔다. 카드가 탁자에 떨어졌을 때, 불리치가 방아쇠를 당겼다……. 불발이었다!

"오, 다행이다! 장전이 안돼 있었어."

사람들이 소리쳤다.

"그렇지만 어디 다시 한번 봅시다."

불리치가 말했다. 그는 다시 격철을 세워 창문에 걸려있는 군모를 조준했다. 총성이 울려 퍼졌고 연기가 방안을 가득 채웠다. 연기가 사리진 후 군모를 가져와 보니, 총알은 모자의 중심부를 관통하여 벽에 깊이 박혀있었다.

약 3분 동안 아무도 입을 열지 못했다. 불리치는 태연하게 내 금화를 자신의 주머니에 넣었다.

어째서 처음에 총알이 발사되지 않았는가에 대한 해석이 분분했다. 어떤 이들은 분명 약실에 먼지가 껴있었을 것이라고 주장했고, 또 어떤 이들은 처음에는 화약에 습기가 차 있었으나 불리치가 나중에 새 화약을 더 넣었다고 수군거리기도 했다. 그러나 나는 그 시간 내내 권총에서 눈을 떼지 않았었기 때문에 후자의 추측은 옳지 않다고 확신했다.

"당신은 내기할 때 운이 참 좋군요!"

나는 불리치에게 말했다…….

"태어나서 처음이었소."

그는 만족한 듯 웃음을 지으며 대답했다.

"뱅크[2]나 슈토스[3] 게임을 하는 것보다는 운이 좋군요."

"그 대신 조금 더 위험하죠."

"어떻소? 이제 운명을 믿게 되었소?"

"네, 믿습니다. 하지만 왜 당신이 오늘 반드시 죽을 것이라는 생각이 들었는지는 지금도 이해가 되지 않는군요……."

그러자 방금 전까지 태연하게 자신의 이마에 총을 대고 있었던 이 사람은 갑자기 흥분하더니 당황스러워했다.

"이제 그만 합시다!"

그는 일어나면서 말했다.

"내기는 끝났고, 당신의 예감은 내가 보기엔 말도 안 되는 것이오……."

그는 모자를 집어 들고는 나가버렸다. 나는 그의 이러한 행동이 뭔가 수상쩍고 이유가 있을 것이라는 느낌이 들었다.

곧 모든 사람들이 불리치의 기행에 대해 수군거리며 각자 집으로 흩어졌다. 내가 내기 제안을 하지 않았더라면 이렇게 적절한 죽을 기회도 없었을 것처럼 자살하려는

---

2 주로 판돈을 걸고 하는 카드 게임의 일종.
3 뱅크 게임과 유사한 독일식(式) 카드 게임의 일종.

Russian Short Story

사람을 대상으로 내기를 건 나를 이기적이라고 비난하는 사람들도 있었다.

나는 동네의 텅 빈 골목을 지나 집으로 돌아왔다. 불길에 타오르듯 붉게 물든 보름달이 들쑥날쑥 솟아있는 집들 사이로 보이기 시작했고, 검푸른 하늘에는 별들이 조용히 빛나고 있었다. 나는 한 조각의 땅 혹은 어떤 인위적인 권리를 위한 쓸데없는 싸움에 하늘이 관여하고 있다고 생각했던 옛 현인들을 떠올리니 우스워지기 시작했다. 이게 다 뭐란 말인가? 옛 현인들은 천체의 등불인 별들이 오로지 인간의 전투와 승리를 비추기 위해 과거의 빛을 내며 타고 있다고 생각했었지만, 그들의 열정과 희망은 마치 방랑자가 숲 가장자리에 지펴놓은 모닥불처럼 그들과 함께 꺼져버렸다. 그러나 그 대신 현인들은 하늘에 살고 있는 수 많은 존재들이 조용하지만 변함없는 태도로 자신들을 지켜보고 있다는 확신 때문에 일종의 의지를 갖지 않았는가? 반면에 우리는 그 누구도 피할 수 없는 죽음에 대한 본능적인 불안감 외에는 소신이나 긍지도, 기쁨이나 공포도 없이 세상을 방랑하는 그들의 불쌍한 후손일 뿐이다. 우리는 인류의 번영은 고사하고, 우리네 행복을 위해서 커다란 희생을 치를 만한 능력도 없다. 왜냐하면 우리는 그것이 불가능하다는 것을 잘 알고 있고, 자연스럽게 의심이 의심을 낳기 때문이다. 우리의 선조들이 사람이나 운명과의 결투를 통해 영혼이 얻을 수 있다는 희망도, 불분명하지만 강력한 즐거움도 얻지 못한 채, 계속해서 망상을 거듭했던 것과 마찬가지이다…….

그 밖에 많은 생각들이 내 머리를 스치고 지나갔다. 나는 그 생각들을 붙잡아 두지 않았다. 왜냐하면 나는 어떤 추상적인 생각에 머물러 있는 것을 좋아하지 않았기 때문이다. 이런 생각이 나에게 무슨 도움이 되겠는가? ……아주 젊었을 때는 나도 몽상가였다. 불안하고 강렬한 상상력이 나에게 전해주는 우울한 생각과 무지개 빛 행복감에 번갈아 가면서 빠져들곤 했다. 그러나 그런 것들이 남긴 것은 무엇인가? 깊은 밤 환영과의 싸움 후와 같은 피곤함과 애석함으로 가득 찬 불안한 기억만 남을 뿐이다. 나는 이 무모한 싸움에서 삶을 영위하는 데 꼭 필요한 영혼의 열정과 불굴의 의지를 모두 소모해 버렸다. 머리 속으로 이런 경험을 한 후 비로소 지금의 삶으로 들어오게 된 것이다. 순간 나는 마치 알고 있는 책을 그대로 베낀 내용을 다시 읽는 것처럼 따분하고 기분이 나빠졌다.

그날 밤 사건은 나에게 매우 깊은 인상을 남겨주었고, 나의 신경을 극도로 자극했다. 내가 지금 운명을 믿고 있는지 아닌지는 확실히 모르겠지만, 그날 밤만큼은 강하게 운명을 믿고 있었다. 그 증거가 경탄할 만한 것이었고, 선조들과 또 그들의 잘난 점성술을 비웃긴 했지만, 그들의 삶의 방식에 어쩔 수 없이 빠져있었기 때문이다. 하지만 나는 그 무엇도 확실히 거부하지 않고, 그 무엇도 맹목적으로 신뢰하지 않는다는 철칙을 갖고 있었기 때문에 이 위험한 길에서 적시에 멈춰 서서는 형이상학을 한쪽으로 제쳐두고 발 밑을 내려다보았다. 이러한 조심성이 딱 들어맞는 순간이었다. 크고 물컹한 살아있지 않은 듯 한 것에 발이 걸려 넘어질 뻔한 순간이었기 때문이다. 달이 이미 환히 비추고 있는 길을 고개 숙여 살펴보았다. 이건 도대체 뭐란 말인가? 내 앞에 칼에 잘려 두 동강이가 난 돼지가 놓여있는 게 아닌가……. 그 돼지를 자세히 들여다 보려는 순간, 시끄러운 발소리가 들리면서 까자끄인 두 명이 골목에서 뛰어나왔다. 그 중 한 명이 다가와 돼지를 쫓아가는 술 취한 까자끄인을 보지 못했냐고 물었다. 나는 그런 사람은 못 봤다고 하며, 그 사나이의 광적인 용기에 불쌍하게 희생된 돼지를 손으로 가리켰다.

"이런 망할 놈 같으니라고."

두 번째 까자끄인이 말했다.

"술만 마셨다 하면 닥치는 대로 토막을 내버리니. 예레메이치, 이 놈을 쫓아가서, 꼭 잡아야 돼, 그렇지 않으면……."

그들은 멀어져 갔고, 나는 더욱 조심스럽게 가던 길을 재촉해 다행히 집에 겨우 도착할 수 있었다.

나는 늙은 까자끄인 하사의 집에 묵고 있었는데, 그분이 매우 친절한 분이기도 했지만, 그것보다도 나스쨔라는 아름다운 딸을 두고 있었기 때문에 몹시 마음에 들었다.

여느 때와 같이 나스쨔는 쪽문 옆에서 외투로 몸을 감싼 채 나를 기다리고 있었다.

밤의 한기로 파랗게 되어버린 그녀의 귀여운 입술을 달이 비추고 있었다. 나를 알아보고 그녀는 미소를 지었으나, 나는 다른 생각에 정신이 팔려 나스쨔에게 관심이 가지 않았다.

"잘자, 나스쨔."

이렇게 말하고는 그녀를 지나쳐 갔다. 그녀는 무엇인가를 말하고 싶어했으나 한숨만 내쉬었을 뿐이다.

나는 내 방문을 닫고 촛불을 켠 후 침대에 몸을 던졌다. 평상시와 다르게 잠을 이룰 수 없었다. 동이 틀 때 나는 비로소 잠이 들었는데, 아마 그날 밤은 내가 깊은 잠을 자지 못할 것을 이미 하늘이 정해 놓았던 것이 틀림없었다. 새벽 네 시에 누군가 창문을 주먹으로 두드리는 소리에 깜짝 놀라 일어났다. 이게 무슨 소리일까……?

"일어나! 얼른 옷 입어!"

몇몇 사람이 소리치는 소리가 들렸다. 나는 재빨리 옷을 입고 밖으로 나갔다.

"무슨 일이 일어났는지 알아?"

나를 찾아온 세 명의 장교 중 한 명이 말했다. 그들은 시체처럼 창백한 모습이었다.

"뭐야?"

"불리치가 죽었어."

나는 어이가 없었다. 그들은 계속 소리쳤다.

"정말 죽었다고! 빨리 같이 가자."

"도대체 어디로 가자는 거야?"

"따라와보면 알아."

우리는 즉시 출발했다. 그들은 피할 수 없는 죽음에 앞서 딱 30분을 더 살게 해준 그의 이상한 운명에 대해서 옥신각신하며, 일어난 일을 전부 나에게 이야기 해주었다. 불리치는 혼자 어두운 거리로 나섰다고 한다. 돼지를 두 동강이 냈던 술 취한 까자끄인이 불리치 쪽으로 달려왔던 모양이다. 그는 불리치를 보지 못하고 지나가고 있었는데 불리치가 갑자기 멈춰서서는 '이봐! 자네 누굴 찾고 있나?'라고 물었다고 한다. 그러자 그 까자끄인은 '바로 네 녀석을 찾고 있었어!'라고 말하며 그를 향해 검을 휘두르고 어깨부터 거의 심장까지 베어버렸다……. 나와 마주쳤던 두 명의 까자끄인들은 살인자를 쫓아가다가 다시 돌아와 부상이 심한 불리치를 일으켰다. 그러나 불리치는 마지막 숨을 몰아 쉬며, '그가 옳았어!'라는 한마디만 남겼다고 한다. 이 말의 숨은 의미를 아는 것은 나 뿐이었다. 바로 나를 두고 한 말이었기 때문이다. 나는 우연히도 그의 불행한 운명을 예견해 버렸다. 나의 본능은 속일 수 없었다. 나는 그의 무표정한 얼굴에서 죽음이 가까워왔음을 읽었던 것이다.

살인자는 마을 어귀에 있는 빈 농가에 숨어있었다. 우리는 그 곳으로 갔다. 여자 여러 명이 울면서 같은 방향으로 달려가고 있었다. 한 발 늦은 까자끄인이 단검을 허리에 차고 급히 거리로 뛰쳐나와 우리를 앞질러 가기도 했다. 마을은 아수라장이었다.

우리도 마침내 그곳에 도착했다. 문과 창문이 안에서 잠긴 농가 주변에 사람들이 서 있는 것이 보였다. 장교들과 까자끄인들은 자기들끼리 소란스럽게 떠들고 있었고, 여자들은 통곡하며 슬퍼하고 있었다. 군중 속에서 미칠듯한 절망이 얼굴에 드리워진 한 노파가 눈에 띄었다. 그 노파는 굵은 통나무에 앉아 무릎에 팔꿈치를 괴고 손으로 얼굴을 받치고 있었다. 바로 살인자의 어머니였던 것이다. 그녀는 입술을 이따금 들썩거리며 기도인지 저주인지 알 수 없는 말을 중얼거렸다.

이러한 상황에서는 우선 어떻게 할 지 결정한 후 빨리 범인을 잡는 것이 중요하다. 그러나 아무도 선뜻 먼저 나서지 않았다.

나는 창문으로 다가가 문 틈으로 농가 안을 들여다 보았다. 살인자는 창백한 얼굴로 마루에 주저앉아 있었다. 오른손에는 권총이 들려있었으며, 옆에는 피투성이가 된 장검이 놓여져 있었다. 그는 의미심장한 눈빛으로 겁에 질려 주변을 살펴보고 있었다. 전율에 몸을 떨며 어제의 일이 잘 기억나지 않는 듯 머리를 움켜잡기도 했다. 나는 그의 불안한 시선에서 의지가 별로 남아있지 않다는 것을 눈치채고는 소령에게 까자끄인들을 시켜 문을 부수고 들어가야 한다고 일렀다. 그가 제정신을 차린 후에 하는 것보다 지금 당장 하는 것이 낫기 때문이다.

이 때, 늙은 까자끄 대위가 문에 다가가 그의 이름을 부르자 그가 대답했다.

"에피미치 동무! 자네는 범죄를 저질렀어. 이제 항복하는 수 밖에 없네."

"난 항복하지 않겠소!"

에피미치가 대답했다.

"신께서 용서하지 않을 거네. 자네는 죄 많은 체첸인이 아니라 정직한 기독교인이야. 그렇지만 죄를 짓고 타락한다면, 더 이상 할 수 있는 건 아무것도 없어. 운명을 피할 수는 없지 않나."

"난 항복하지 않겠소!"

그가 이렇게 소리친 후 철컥 하고 총의 격철을 올리는 소리가 들렸다.

까자끄 대위는 노파에게 말했다.

"이봐요, 아주머니! 아들을 설득해 보시오. 아주머니 말은 분명 들을 거요……. 이건 신을 노하게 하는 짓이요. 벌써 두 시간이나 이러고 있지 않소."

노파는 그를 뚫어지게 쳐다보더니 결국 고개를 저었다.

까자끄 대위는 소령에게 다가가 말했다.

"소령님, 그는 항복하지 않을 겁니다. 내가 저 사람을 잘 알거든요. 문을 부수고 들어가면 우리 측 사람이 여럿 다치게 될게 분명합니다. 창문 틈이 꽤 넓은데, 차라리 그를 사살하라고 명령하는 것이 낫지 않겠습니까?

바로 이 때, 이상한 생각이 나의 뇌리를 스쳤다. 불리치처럼 운명을 시험해 보고 싶었던 것이다.

그래서 소령에게 이렇게 말했다.

"기다리십시오. 제가 그를 생포하겠습니다."

나는 까자끄 대위에게 그와 대화를 유도하라고 시키고, 문 옆에 세 명의 까자끄인을 세워두었다. 이들은 내가 신호를 주면 문을 부수고 들어와 나를 도울 준비가 되어 있었다. 나는 농가 뒤를 돌아 그 운명의 창문으로 다가갔다. 내 심장은 강하게 뛰고 있었다.

까자끄 대위가 소리치기 시작했다.

"자넨 죄인이야! 우릴 비웃는 건가? 아니면 우리가 자네를 처치하지 못할 거라 생각하는 건가?"

까자끄 대위는 온 힘을 다해 문을 두드리기 시작했다. 나는 창문 틈으로 들여다 보며, 우리가 공격할 거라고는 생각지도 못하고 있는 범인의 움직임을 예의주시했다. 그리고 갑자기 창문을 뜯어내고 그 안으로 머리를 들이 밀었다. 순간 내 귀 밑에서 총성이 울리더니, 총알이 내 견장을 찢고 지나갔다. 이 때 방안에 가득 찬 연기 때문에 그는 자기 바로 옆에 놓여 있던 장검을 찾지 못하고 있었다. 나는 범인을 손으로 붙들었고, 그 때 까자끄인들이 한꺼번에 들이닥쳤다. 그리고 3분이 채 지나지 않아 살인범은 체포돼 호송되었다. 사람들은 다 흩어졌고, 장교들은 나의 활약을 칭찬해줬다.

이 모든 사건이 일어난 후에도 운명론자가 되지 않을 수 있을까? 그렇다면 불리치는 정말로 무언가에 확신을 가지고 있기는 했었을까? ……우리는 감정의 기만이나 이성의 잘못된 판단을 확신으로 받아들이곤 하지 않는가! ……나는 뭐든지 의심하는걸 좋아한다. 하지만 나의 이런 사고의 성향은 나의 결단력을 방해하지 않았다. 나는 오히려, 나를 기다리는 것이 무엇인지 알 수 없을 지라도 더욱 용감하게 앞으로 나아가곤 한다. 최악의 경우, 죽기 밖에 더 하겠는가. 그리고 죽음은 아무도 피할 수 없는 것이 아닌가!

사령부로 돌아온 나는 막심 막시미치에게 나에게 일어난 모든 일과 내가 본 모든 것들을 말해주고 운명에 대한 그의 의견을 물었다. 그는 '운명'이라는 말의 뜻 조차 모르고 있었으나, 내가 최대한 설명해주었더니, 머리를 크게 끄덕이며 말했다.

"그래, 그렇군! 운명이란 매우 불가사의한 장난 같은 거야. 그건 그렇고 이런 아시아제(製) 방아쇠는 기름칠을 대충하거나 손가락으로 꽉 잡지 않으면 잘 끊어지고 마는군. 사실 나는 체르께스제(製) 소총도 그다지 좋아하지 않아. 우리 러시아 장교들에겐 별로 어울리지 않거든. 개머리판이 작아서 코에 불이 붙겠어……. 그래서 까자끄인들은 장검을 쓰는 거야. 참 존경스럽군, 쳇."

그리고 나서 그는 잠시 생각하더니 몇 마디 덧붙였다.

"그래, 참 불쌍한 사람이야……. 어쩌다 밤에 술 취한 사람과 얘기를 하게 되었을까! ……그것도 다 태어날 때부터 정해진 운명이야."

나는 그에게 더 이상 아무것도 얻어낼 수 없었다. 그는 그런 형이상학적인 논쟁을 아예 싫어하는 사람이었기 때문이다.

Russian Short Story :: 03

03

가수들

뚜르게네프 | Turgenev

‘꼴로또프까’라는 크지 않은 마을은 영악하고 뻔뻔한 성격 탓에 ‘스뜨리가니하’[1] (그녀의 본명은 아무도 몰랐다)라는 별명이 붙은 여지주(女地主)의 소유였는데, 지금은 뻬쩨르부르끄에 사는 독일인이 주인이다. 이 마을은 벌거숭이 언덕의 비탈에 위치하고 있으며, 심연의 나락과 같이 위에서 밑으로 쭉 뻗은 골짜기가 동네 한가운데를 강보다 더 심하게 구불구불 통과하고 있었다. 강이라면 그나마 다리라도 놓을 수 있었을 텐데 그러지도 못하고, 이 골짜기는 가난한 마을을 두 부분으로 나누어 버렸다. 가냘픈 버드나무 몇 그루가 모래 골짜기 가장자리에 서글프게 가지를 드리우고 있었고, 골짜기 가장 밑바닥은 물이 바싹 말라 구리처럼 누렇고 거대한 너럭바위로 뒤덮여 있었다. 이 곳은 활기차지도 않고 특별할 것도 없었지만 이웃 동네 주민들은 꼴로또프까로 흔쾌히 자주 왕래했기 때문에 그 마을로 가는 길은 잘 알려져 있었다.

좁은 틈에서 골짜기가 시작하게 된 지점으로부터 몇 걸음 떨어진 곳, 바로 골짜기

---

1 ‘악녀, 마녀’ 혹은 ‘약탈자’라는 뜻.

꼭대기에 크지 않은 네모난 농가 한 채가 다른 가옥들과는 떨어져 홀로 서 있었다. 짚으로 된 지붕에 굴뚝이 하나 있고, 예리한 눈빛으로 계곡을 바라보고 있는 듯한 창문이 하나 나 있었다. 겨울 밤 이 집에 불이 켜지면 얼어붙은 희미한 안개 사이로 그 불빛이 멀리서도 보여 지나가는 농부들에게 등대 역할을 했다. 이 집 문 위에는 하늘색 판자로 된 간판이 못 박혀 있었다. 이곳은 바로 선술집 '쁘리띠니'[2] 였다. 이곳은 포도주를 싸게 판것도 아니었는데, 다른 가게에 비해 항상 손님이 북적거렸다. 바로 이 술집 주인인 니꼴라이 이바니치 덕분이었다.

니꼴라이 이바니치는 예전에는 날씬하고 곱슬머리에 혈색 좋은 청년이었지만, 이제는 얼굴이 투실투실 부어 있고, 눈은 교묘하게 관대한 눈빛을 띠며, 이마엔 기름기가 흐르고, 주름이 실 같이 자글자글 뻗어 있는 심하게 뚱뚱하고 백발이 성성한 노인이 되어버렸다. 벌써 꼴로또프까에 산 지도 20년이 넘었다. 대개 선술집 주인들이 그러하듯이 니꼴라이 이바니치도 민첩하고 똑똑했다. 특별히 친절하다거나 붙임성이 좋지는 않았지만, 손님을 끌어들이고 단골로 만드는 재주를 가지고 있었다. 그의 눈빛에도 술집 주인 특유의 날카로움이 있었으나 차분하고 공손한 눈빛이라 손님들은 그의 술집 바에 앉아 있는 것이 왠지 모르게 즐거웠다. 그는 아는 것도 많아서, 귀족, 농민, 평민들의 생활이라면 훤히 꿰뚫고 있었다. 그리고 사람들이 어려운 일에 처했을 때에는 그럴듯한 조언을 해줄 수 있는 사람이었지만, 조심성 있는 이기주의자처럼 남의 일에 끼어드는 것을 좋아하지는 않았다. 하지만 먼발치에 서서 손님들, 특히 그가 좋아하는 사람들에게 진리에 다가갈 수 있는 길을 자연스럽게 암시해주곤 했다. 그는 러시아인들이 좋아하고 중요하다고 생각하는 모든 것에 통달한 사람이었다. 말, 가축, 숲, 벽돌, 그릇, 옷감, 가죽, 노래, 춤까지 모르는 게 없었다. 손님이 없을 때는 문 앞 바닥에 가느다란 두 다리를 꼬고 포대자루처럼 앉아서 지나가는 모든 사람들에게 정감 있게 한마디씩 던지곤 했다. 그는 일생 동안 많은 일을 보아왔고,

그에게 '오치셴니[3]'라는 보드까를 사러 왔던 수 십 명의 농부들이 일생을 마감하는 것을 지켜보았으며, 사방 100베르스따[4] 내에서 일어나고 있는 모든 일을 알고 있었다. 하지만 결코 이에 대해서 떠들고 다니지 않았으며, 가장 똑똑한 경찰서장도 모르는 일을 알고 있으면서도 결코 이를 내색하지 않았다. 그는 속으로는 다 알고 있어도 그냥 씩 웃거나 컵을 슬쩍 옮기면서 입을 다물고 있었다. 군내(郡內) 최고 관직 자리의 문관 쉐레뻬젠꼬 장군도 이 선술집 앞을 지나갈 때면 그에게 공손하게 인사를 하고 간다는 사실에 이웃들은 니꼴라이 이바니치를 존경하고 있었다. 니꼴라이 이바니치는 악명 높은 가축 도둑이 지인(知人)의 말을 훔쳐갔을 때 도둑이 말을 돌려주게끔 만들었으며, 옆 마을 농부들이 새로운 관리인을 받아들일 수 없다고 고집을 부렸을 때도 이를 설득하는 등 매우 영향력 있는 사람이었다. 그렇지만 그가 정의를 사랑하거나 이웃을 돌보려는 성격이라서 그런 것은 절대 아니다! 단지 자기 주변의 안정을 깨는 모든 것을 미리 막으려고 했기 때문일 뿐이다. 니꼴라이 이바니치는 결혼을 했으며 아이가 있었다. 활달한 성격에 코가 뾰쪽하며 눈을 빠르게 굴리는 평민 출신의 그의 부인은 최근에 남편처럼 살이 좀 붙었다. 그는 자신의 부인을 전적으로 믿었기 때문에 돈도 몽땅 부인에게 맡겨 놓았다. 술 취한 주정뱅이들은 그녀를 무서워했고 그녀도 그들을 좋아하지 않았다. 그런 작자들은 시끄럽게 떠들기만 하고 돈은 별로 되지 않았기 때문이다. 그녀는 조용하고 무뚝뚝한 손님들을 더 좋아했다. 니꼴라이 이바니치의 아이들은 아직 어렸다. 먼저 태어난 아이들은 모두 죽었지만 지금 남은 아이들은 부모를 많이 닮았다. 이 건강한 아이들의 똘망똘망한 얼굴을 즐겁게 바라보는 것이 니꼴라이 아비니치 부부에게는 삶의 낙이었다.

　　견디기 힘들 정도로 무더운 7월의 어느 날, 나는 개를 데리고 꼴로또프까 계곡을 따라 선술집 쁘리띠니 쪽으로 천천히 발걸음을 옮기고 있었다. 태양은 중천에 떠

---

3 '깨끗이 정제된 술'이라는 뜻.
4 미터법 시행전 러시아의 거리 단위로 1베르스따는 약 1067km이다.

거칠게 푹푹 찌는 듯 내리쬐었고 공기 중에는 먼지가 온통 갑갑하게 뒤섞여 있었다. 깃털에 윤기가 나는 갈가마귀와 까마귀들은 부리를 벌리고 동정을 갈구하듯 지나가는 사람들을 안타깝게 쳐다보고 있었다. 다만 참새들만이 우울함에서 벗어나 깃털을 펴고 예전보다 더욱 밝은 소리로 지저귀기도 하고, 울타리에서 저희들끼리 티격태격하기도 하고, 사이 좋게 먼지투성이 길에서 날아 올라 회색 무리를 만들며 푸른 삼밭 위로 날아 가기도 했다. 나는 몹시 목이 말랐다. 이 근방에는 물이 전혀 없었다. 보통 초원지대의 시골 마을에서 그러하듯이, 꼴로또프까에도 샘물이나 우물이 없었기 때문에 농부들은 연못에서 길어온 더러운 흙탕물을 마신다……. 하지만 이런 역겨운 여물 따위를 과연 물이라고 할 수 있을까? 얼른 니꼴라이 이바니치의 술집에 가서 맥주나 *끄바스*[5]를 한잔 들이키고 싶었다.

　꼴로또프까에서는 일년 중 단 한 때도 즐거운 구경거리가 생기는 법이 없다. 반들반들한 갈색 지붕, 깊은 계곡, 비쩍 마르고 다리가 긴 닭들만 공허하게 돌아다니는 뜨겁고 텅 빈 목장, 그리고 창문 대신 세워놓은 구멍 뚫린 회색 사시나무 목재. 7월의 눈부신 태양이 꼴로또프까의 이 모든 것들을 잔인하게 내리쬘 때에는 더욱 우울한 느낌이 들게 된다. 과거 귀족이 살던 저택은 주변에 쐐기풀, 잡초, 쑥이 무성하게 자라 있었다. 뜨겁게 달궈진 듯한 시커먼 연못은 거위 털로 뒤덮여 있었고, 그 주변에는 거의 다 시들어버린 더러운 풀들이 널려 있었으며, 제방은 옆으로 떨어져 있었다. 제방 주위의 짓밟아 뭉개어 놓은 잿더미 같은 땅에는 양들이 더위에 헐떡이고 재채기를 하며 안타깝게 서로서로를 밀쳐내면서 언제쯤 이 참을 수 없는 무더위가 지나갈까 기다리기라도 하는 듯 비참한 모습으로 고개를 푹 숙이고 있었다. 나는 피곤한 발걸음을 이끌며 니꼴라이 이바니치의 술집에 점점 다가갔다. 언제나처럼 꼬마들은 나를 보고 놀라 긴장하여 아무 생각 없이 멍하니 쳐다보고, 개들은 사납게 짖어대며 나에 대한 경계심을 드러냈다. 개들은 짖을 때 마다 쉰 소리가 날 때까지 적의가 가득

찬 소리로 모든 내면의 힘을 다해 터트리고는 제풀에 지쳐 콜록거리거나 숨이 막혀 헐떡이곤 했다. 이 때, 모자도 안 쓴 채 보풀이 난 코트를 입고 하늘색 가죽 허리띠를 낮게 두른 키 큰 남자가 선술집 문턱에 모습을 드러냈다. 한눈에 보아도 그는 농노였다. 푸석푸석하고 주름이 가득한 그의 얼굴 위로 숱 많은 백발이 어지럽게 헝클어져 뻗쳐 있었다. 그는 손짓을 하며 급하게 누군가를 부르고 있었다. 원래 의도했던 것 보다 훨씬 더 크게 손이 흔들리고 있는 것 같았다. 벌써 한잔 들이킨 것이 확실했다.

"이리와, 이리로 오라고!"

그가 짙은 눈썹을 힘겹게 들어올리며 혀 짧은 소리를 냈다.

"이리와, 모르가치[6], 빨리 오라고! 이런, 이 친구야, 아주 기어 다니는 구만! 그럼 안 되지, 친구. 다들 너를 기다리는데, 기어 다니고 있어……."

"아, 가, 가고 있다고."

쩌렁쩌렁한 목소리가 들리더니 집 오른쪽 편에서 키가 작고 통통한 절름발이 사내가 나타났다. 그는 꽤나 말쑥한 모직 외투에 한쪽 팔만 끼우고 있었고, 길고 끝이 뾰족한 모자를 눈썹까지 덮어 쓰고 있었다. 이 모자 때문에 그의 동그랗고 통통한 얼굴이 교활하고 남을 비웃는 것처럼 보였다. 그는 작고 사악한 눈동자를 빠르게 굴리면서 시종일관 얇은 입술로 억지스러운 미소를 띠고 있었고, 길고 뾰족한 코는 방향키처럼 뻔뻔하게 앞으로 삐죽 튀어나와 있었다.

"가고 있어, 이 친구야."

그는 술집 쪽으로 절뚝거리며 걸어가며 대답했다.

"도대체 왜 나를 부르는 거야? ……누가 날 기다리기라도 한다는 거야?"

"왜 너를 불렀냐고?"

보풀투성이 외투를 입은 사람이 질책하듯 말했다.

"이런, 너, 모르가치는 정말 이상한 녀석이야. 술집에서 다들 너를 부르고 있는데

너는 아직도 왜냐고 묻고 있구나. 왜 그래? 좋은 사람들이 너를 기다리고 있어. 뚜록 야쉬까도[7], 디끼 바린[8]도, 쥐즈드라에서 온 청부인도 널 기다리고 있다고. 뚜록 야쉬까와 청부인은 맥주 한 통을 놓고 누가 이기는지 내기를 걸었어. 다시 말해서, 누가 노래를 더 잘 부르느냐에 내기를 걸었다 이 말씀이야……. 알았냐?”

“야쉬까가 노랠 부른다고? 오발두이[9], 너 거짓말 하는 거지?”

모르가치라는 사람이 바로 되물었다.

“거짓말이 아냐. 거짓말은 너나 하라구. 내기를 걸었다면 분명히 노래 부를 거야. 이런 멍청한 놈, 이런 사기꾼 같은 모르가치 녀석아!”

오발두이는 자신있게 말했다.

“그럼 일단 가보자구.”

모르가치가 대답했다.

“자, 일단 키스라도 해주게. 나의 영혼!”

오발두이는 격렬하게 모르가치를 껴안으며 혀 짧은 소리로 말했다.

“그만 좀 해, 여자 같은 이숍 작가 나으리!”

모르가치가 팔꿈치로 그를 밀어 젖히며 경멸적으로 대답했다. 그리고는 허리를 굽히고 낮은 문으로 들어갔다.

내가 들은 이 대화는 내 호기심을 강하게 자극했다. 이미 뚜록 야쉬까에 대해서라면 이 근방에서 제일 가는 가수라는 소문을 익히 들은 터였다. 그런데 마침 그가 다른 가수와 노래 대결하는 것을 들을 수 있는 기회가 찾아 온 것이다. 나는 발걸음을 재촉해 술집으로 들어갔다.

내 독자들 대부분은 시골 선술집을 볼 기회가 없었을 것이다. 하지만 우리의 사냥꾼 친구가 들르지 않는 곳이 어디 있으랴. 보통 이런 술집의 구조는 매우 간단하게 되어

---

7 ‘터키인 야쉬까’라는 뜻. ‘야쉬까’는 ‘야꼬프’의 애칭이다.

8 ‘무서운 나으리’라는 뜻.

9 ‘멍청이’라는 뜻.

있다. 일반적으로 시골 선술집은 어두운 현관과 하얀 오두막으로 되어 있다. 오두막은 칸막이를 쳐서 두 부분으로 나누어 놓고 안쪽은 손님들이 절대 들어갈 수 없도록 해 놓았다. 참나무로 만든 넓은 탁자 위에 세워져 있는 이 칸막이에는 큰 구멍이 세로로 뚫려있다. 이 탁자, 즉 이 바에서 포도주를 파는 것이다. 구멍 맞은 편 선반 위에는 다양한 종류의 뚜껑을 따지 않은 보드까가 진열되어 있다. 손님들이 앉는 오두막집 앞 부분에는 의자, 두세 개의 빈 나무통, 사각형 탁자가 놓여있다. 시골 선술집 안은 대체로 어두워서 오두막이라면 대개 벽에 붙여 놓곤 하는 밝은 톤의 목판화가 전혀 보이지 않는다.

내가 쁘리띠니 술집에 들어섰을 때는 이미 많은 사람들이 그곳에 모여있었다.

늘 그랬듯이, 바 너머로 니꼴라이 이바니치가 화려한 무늬의 루바쉬까[10]를 입고 포동포동한 볼에 냉소적인 미소를 띠면서 크고 흰 손으로 지금 막 가게로 들어선 모르가치와 오발두이에게 포도주를 따라주고 있었다. 그의 뒤편 창문 옆 구석에 눈초리가 매서운 그의 아내가 보였다. 방 한가운데에는 뚜록 야쉬까가 서 있었다. 그는 스물세 살쯤 되었고, 날렵하고 균형이 잘 잡힌 몸매를 가지고 있었으며, 길다란 하늘색 무명 까프딴[11]을 입고 있었다. 그는 공장에서 일하는 키가 작고 다부진 사람처럼 보였으나, 특별히 건강해 보이진 않았다. 그의 움푹 꺼진 볼, 크고 불안한 잿빛 눈동자, 곧게 뻗은 코, 가늘고 벌렁거리는 콧구멍, 밝은 황갈색 곱슬머리를 뒤로한 경사진 하얀 이마, 그리고 아름답고 표현이 풍부한 입술. 이런 외모에서 벌써 그가 인상적이고 정열적인 사람이라는 것이 잘 풍겨나고 있었다. 얼굴에는 불안한 기색이 역력했다. 눈은 깜박거리고, 호흡은 거칠었으며, 열병에 걸린 사람처럼 손이 떨리고 있었다. 그렇다. 확실히 열병을 앓고 있는 것이었다. 그러한 불안하고 갑작스러운 열병은 많은 사람들 앞에서 말을 하거나 노래를 부르는 사람들이라면 익숙한 일이다. 그의 옆에

---

10 러시아 남자가 착용하는 블라우스풍의 상의.
11 터키나 아랍 지역의 사람들이 입는 허리통이 헐렁하고 소매가 긴 옷.

마흔쯤 되어 보이는 사람이 서 있었다. 그는 넓은 어깨, 돌출된 광대뼈, 낮은 이마, 가는 타타르인의 눈, 짧고 평평한 코, 사각 턱, 그리고 뻣뻣하고 성긴 윤기 나는 검은 머리칼을 가지고 있었다. 납빛으로 물든 얼굴, 특히 창백한 입술은 그렇게 차분하게 다물어져 있지 않았더라면 그야말로 잔인함 그 자체였을 것이다. 그는 거의 움직이지 않았고, 멍에를 진 황소처럼 이따금 천천히 주위를 둘러보곤 했다. 이 사람은 구릿빛으로 반짝이는 단추가 달린 남루한 프록코트를 입고 있었고, 낡은 검은색 비단 스카프로 큰 얼굴을 덮고 있었다. 그의 이름은 디끼 바린이었다. 그의 맞은편, 성상(聖像) 아래 의자에 뚜록 야쉬까의 경쟁자인 쥐즈드라에서 온 청부인이 앉아있었다. 청부인은 마마자국이 있고, 곱슬머리에다 높지만 끝이 뭉툭한 코, 생기 넘치는 갈색 눈동자, 성긴 턱수염을 가진 서른 살 가량의 키가 그다지 크지 않은 건장한 남자였다. 그는 팔짱을 끼고, 용감하게 주변을 둘러보면서 무뚝뚝하게 말했고 장식이 달린 세련된 장화를 신은 다리를 건들거리고 있었다. 빌로드 옷깃이 달린 얇은 새 회색 외투를 입고 있었는데, 속에 목까지 꽉 맞게 붉은 루바쉬까를 껴입고 있는 것이 보였다. 문 오른쪽인 반대편 구석에는 어깨 부분에 큰 구멍이 난 갑갑하고 낡은 작업복을 입은 한 농부가 탁자에 앉아 있었다. 햇볕이 두 개의 큰 창의 먼지로 뒤덮인 유리로 희미한 빛을 띠며 흘러 들어왔지만 이 방에 언제나 깔려있는 어둠을 이겨내지는 못하는 듯 했다. 모든 사물은 빛을 제대로 받지 못해 마치 점처럼 보였다. 대신 술집 안은 선선했기 때문에 어깨에 짊어진 짐과 같던 무더위는 술집 문턱을 넘어서는 순간 모두 사라져버렸다.

내가 그곳에 도착하였다는 사실이 처음에는 니꼴라이 이바니치의 몇몇 손님들의 신경을 거슬리게 했다는 것을 눈치챘다. 그러나 니꼴라이 이바니치가 나에게 아는 사람인 것처럼 인사를 하자, 그들은 신경을 끄고 더 이상 나에게 주의를 기울이지 않았다. 나는 맥주를 시키고 다 떨어진 작업복을 입은 농부 옆 구석에 앉았다.

"뭐야, 이거!"

갑자기 오발두이가 포도주 한 잔을 단숨에 마시더니 손을 마구 휘저으며 소리지르기 시작했다. 오발두이는 이렇게 한 마디 한 마디 할 때 마다 손짓을 하지 않고서는 못

배기는 성질이었다.

"뭘 기다리는 거야? 시작해, 시작하라고, 응? 야샤[12]……?"

"시작해! 시작해!"

니꼴라이 이바니치도 부추겼다.

"그럼 시작합시다. 난 준비되었소."

냉정하고 자신만만한 미소를 띤 채 청부인은 낮은 소리로 말하였다.

"나도 준비됐어요."

야꼬프가 다소 불안해 하며 말하였다.

"자, 그럼 모두들 시작하십시오."

모르가치가 떠들어 댔다.

모두가 한 목소리로 시작하라고 외쳤지만 아무도 시작하지 않았다. 청부인은 의자에서 일어나지도 않았고, 둘 다 무언가를 기다리는 듯 했다.

"시작해라!"

디끼 바린이 어둡고 날카로운 목소리로 말했다.

야꼬프는 약간 떨고 있었고, 청부인은 일어서더니 허리띠를 고쳐 매고 헛기침을 하였다.

"그런데 누구더러 시작하라는 거죠?"

방 한가운데에서 굵은 다리를 쩍 벌리고 바지 주머니에 힘 센 팔을 거의 팔꿈치까지 쑤셔 넣은 채 꼼짝도 않고 서있는 디끼 바린에게 청부인이 가다듬은 목소리로 물었다.

그러자 오발두이가 더듬거리며 말했다.

"너 말이야, 너, 청부인. 바로 너한테 하는 소리야, 이 친구야."

디끼 바린은 그를 힐끗 쳐다보았다. 오발두이는 쫑알거리던 것을 멈추고 약간 당황하면서 천장 쪽으로 시선을 돌렸다. 그러곤 어깨를 움츠리고는 입을 다물었다.

"제비뽑기를 합시다. 바에 맥주 한 통을 올려 놓으시오."

짧은 침묵 후 디끼 바린이 말했다.

니꼴라이 이바니치는 허리를 숙여 끙끙거리며 바닥에서 맥주통을 집어 바 위에 올려놓았다.

디끼 바린은 야꼬프를 보고는 '자!' 하고 입을 열었다.

야꼬프는 주머니에 손을 넣어 2꼬뻬이까 짜리 동전을 찾아 깨물어 자기 것이라는 표시를 했다. 청부인은 바닥에 놓여있던 까프딴에서 새 가죽 지갑을 꺼내 천천히 끈을 풀고 잔돈을 우르르 손바닥에 털어 놓고는 그 중에서 새 동전 하나를 골라냈다.

오발두이는 차양이 다 망가지고 해진 낡은 모자를 손에 뒤집어 들었다. 야꼬프와 청구인은 그 모자에 각자 자신의 동전을 던져 넣었다.

"뽑아라."

디끼 바린이 모르가치에게 말했다.

모르가치는 잠시 조용히 웃더니 양손으로 이 모자를 들고 흔들기 시작했다.

잠시 깊은 침묵이 흘렀다. 동전들이 서로 부딪히면서 조용히 딸랑거렸다. 나는 주의 깊게 주변을 둘러보았다. 모든 사람들의 얼굴에 긴장된 기대감이 엿보였다. 디끼 바린 자신 역시 실눈을 뜨고 보고 있었고, 내 옆에 앉아 있는 낡은 작업복을 입은 농부도 호기심에 목을 쭉 빼고 쳐다 보았다. 모르가치가 모자에 손을 넣어 청부인의 동전을 뽑자 그제서야 모두들 숨을 돌렸다. 야꼬프는 얼굴이 상기되었고, 청부인은 손으로 머리카락을 만지작거렸다.

"그것 봐! 내가 아까 말했지! 네가 먼저라고!"

오발두이가 큰 소리로 말했다.

"좀 시끄럽게 굴지마!"

디끼 바린은 오발두이에게 경멸에 찬 목소리로 주의를 주었다. 그리고 청부인을 향해 고개를 으쓱해 보이며 말했다.

"시작해!"

"무슨 노래를 부르면 되지?"

청부인은 이제 약간 불안해 하며 물었다.

"무슨 노랠 부르고 싶어? 생각나는 대로 부르라고."

모르가치가 대답했다.

"그래, 무슨 노랠 부르고 싶나?"

니꼴라이 이바니치가 천천히 팔짱을 끼며 말했다.

"아무도 강요하지 않네. 자네가 원하는 걸 부르게. 그러면 우리가 양심에 따라 결정을 내릴 걸세."

"물론이지. 양심에 따라."

오발두이가 한마디 거들고는 빈 잔을 핥았다.

"여보게들, 먼저 목소리 좀 가다듬고 하겠소."

청부인은 까프딴 옷깃을 손가락으로 만지작거리며 말했다.

"자, 자, 분위기 망치지 말고 어서 시작해!"

디끼 바린은 시작하라고 한 후 고개를 숙였다.

청부인은 잠시 생각하더니 머리를 갸우뚱 하고는 앞으로 나갔다. 야꼬프는 그를 뚫어지게 쳐다보았다.

그건 그렇고 이 내기에 대해 이야기하기 전에 내 이야기 속 등장인물들을 하나하나 먼저 짚고 넘어가는 것이 좋을 듯 하다. 내가 쁘리띠니 선술집에서 그들을 만났을 때, 그들 중 몇몇 사람들의 삶에 대해서는 이미 알고 있었지만, 다른 사람들에 대한 정보는 나중에 알게 된 것이다.

오발두이부터 시작해보자. 이 사람의 원래 이름은 에브그라프 이바노프이지만 이 동네에서는 아무도 그를 오발두이가 아닌 다른 이름으로 부르지 않았고, 자기 자신도 스스로를 이 별명으로 불렀다. 그만큼 이 별명이 그에게 잘 어울렸다. 특히 그의 소심하고 항상 불안해 하는 성격과 그렇게 잘 어울릴 수가 없었다. 그는 노는데 정신이 팔린 사람이었고, 독신이었으며, 하인 출신이었다. 그러나 주인이 아주 오래 전에 그를 놓아주어서 지금은 아무런 일도 하지 않은 채 땡전 한 푼의 수입도 없이 매일 남에게 빌붙어서 술을 마시고 지내는 상태였다. 그에게 차와 술을 사는 사람이 매우 많았는데, 대접을 하면서도 자기들이 왜 그러는지 알지 못했다. 왜냐하면 그는 사교계에서 재미있는 사람이 아니었을 뿐 아니라, 그 반대로 쓸데 없는 잡담과 참을 수 없는 치근거림, 과한 몸짓, 멈추지 않는 떠들썩한 웃음으로 모든 사람들을 진절머리 나게 하는 인간이었기 때문이다. 그는 노래를 부르지도, 춤을 추지도 못했다. 태어나서 현명한 말은커녕 말이 되는 소리를 한번도 한 적이 없었다. 그는 뻔히 드러나는 거짓말을 닥치는 대로 속사포처럼 지껄이고 다녔다. 그야 말로 멍청이였다! 하지만 주변 40 베르스따 안에서 벌어지는 어떤 파티도 삐쩍 마르고 키가 큰 그의 모습이 사람들 사이에 보이지 않으면 열릴 수 없었다. 바로 이렇게 오발두이는 사람들에게 있어서 익숙하고도 필요악과 같은 존재가 되어 있었다. 모두 그를 경멸적으로 대했고, 디끼 바린만이 그의 어리석고 돌발적인 행동을 길들일 수 있었다.

모르가치는 오발두이와는 어느 정도 다른 사람이었다. 그가 다른 사람보다 눈을 더 자주 깜빡이는 것은 아니었지만, 모르가치라는 별명은 그에게 매우 잘 어울렸다. 러시아인들은 별명 붙이는 데 선수라는 말도 있지 않은가. 이 사람의 과거를 더 자세하게 알아내려고 노력했지만, 나나 다른 이들에게 그의 삶은 여전히 정체불명의 깊은 암흑으로 뒤덮인 책에 써있는 것과 같이 어두운 얼룩과 부분으로 남아있었다. 내가 아는 것은 모르가치가 과거 언젠가 자식이 없는 늙은 귀족 부인의 마부였는데, 그에게 맡겨진 말 세 마리를 가지고 도망간 후 1년 동안 모습을 감추었었다는 것뿐이다. 그리고는 아마 방랑자의 삶이 매우 배고프고 고달프다는 것을 깨닫고 스스로 다시 돌아왔을 것이다. 그 때는 이미 다리를 절어 못쓰게 된 후였다고 한다. 그는 귀족 부인의 발 밑에 엎드려 용서를 구했다. 그 후 몇 년 동안 모범적 행동으로 자신의 과오를 씻고 귀족 부인에게 아첨을 하기 시작했다. 마침내는 그녀의 신뢰를 등에 업어 집사가 되었다. 귀족 부인이 죽은 후, 어떻게 된 일인지는 잘 모르겠지만, 그는 자유의 몸이 되었다. 평민이 된 그는 이웃의 땅을 임대하여 농사를 지었고, 부자가 되어 현재는 편안히 살아가고 있다. 그는 경험이 풍부한 사람으로 매우 약았으며, 선하지도 악하지도 않은 계산적인 사람이었다. 또한 그는 사람에 대해 잘 알고 곧잘 이용해 먹는 능구렁이 같은 인간이었다. 그는 주의 깊으면서도 여우처럼 꾀가 많고, 나이든 여자들처럼 수다스러웠으나 결코 허튼 소리를 지껄이지는 않았다. 그 대신 다른 사람들이 말을 하게끔 유도하곤 했다. 게다가 일반적으로 다른 교활한 사람들이 하는 것처럼 어리숭한 척은 하지 않았다. 어리숭한 척하는 것은 그에게 매우 어려운 일이었다. 나는 그의 아주 작고 약삭빠른 눈처럼 명민하고 영리한 눈은 본 적이 없다. 그의 눈은 무엇인가를 그냥 단순히 쳐다 보는 법이 없었고, 모든 것을 자세히 살피고

몰래 지켜보곤 했다. 모르가치는 때때로 일주일 내내 대수롭지 않아 보이는 일에 대해 생각했으나, 그러다 갑자기 지나치게 용감한 일을 결연히 행동에 옮기기도 했다. 이런 행동이 화를 자초할 것 같았다……. 그렇지만 보다시피 모든 일이 술술 잘 풀렸다. 그는 행복했으며, 자신의 운을 믿고, 미신을 믿었다. 그는 미신을 믿는 정도가 아니라 매우 심취해 있었다. 아무도 그를 좋아하지는 않았다. 왜냐하면 그와 마주칠 일이 별로 생기지 않았기 때문이다. 하지만 모두 그를 존중해 주었다. 그에게 가족이라고는 아들 하나뿐이었는데, 그는 아들을 매우 아꼈고, 아들은 이런 아버지 밑에서 자랐기 때문에 분명 출세할 것 같았다.

"모르가치 아들놈은 지 애비를 쏙 빼 닮았어."

늙은이들이 여름 밤 토담에 앉아 이야기를 할 때면, 종종 조심스럽게 그의 아들에 대해 언급하곤 했다. 모두들 이것이 무엇을 의미하는지 알고 있어, 덧붙여 설명할 필요도 없었다.

뚜룩 야꼬프와 청부인에 대해서는 오랫동안 알려진 것이 하나도 없었다. 실제로 포로로 잡혀 온 터키 여자에게서 태어났기 때문에 야꼬프를 뚜룩이라고 불렀다. 정신적으로 그는 모든 면에서 예술가 그 자체였으나, 신분상으로는 제지 공장에서 일하는 노동자일 뿐이었다. 청부인에 대해서 말하자면, 사실 그의 삶에 대해서는 나도 잘 모르지만, 눈치 빠르고 민첩한 도시의 평민인 것 같았다. 그러나 디끼 바린에 대해서는 좀 더 자세히 이야기 해 보겠다.

그 사람을 처음 봤을 때 거칠고 불쾌하지만 피하기 어려운 힘을 가졌다는 느낌을 받았다. 그의 몸은 '알차 보인다' 라는 말이 딱 맞는 둔해 보일 정도로 몸이 좋은 사람이었으나, 절대 깨뜨릴 수 없는 건장함 덕분에 이상하게도 그의 곰 같은 몸은 자신의 힘에 대한 자신감으로부터 나오는 고유의 분위기를 잃지 않고 있었다. 이 헤라클레스와 같은 장정이 어느 계급에 속하는 지 첫눈에 파악하기는 매우 어려웠다. 그는 하인 같지도 않았고, 평민 같아 보이지도 않았으며, 퇴직한 가난한 관청 직원 같아 보이지도, 작은 영지를 갖고 있는 파산한 귀족 같아 보이지도 않았다. 사냥개지기나 싸움꾼도 아니었다. 그는 바로 그 자신일 뿐이었다. 그가 어디서 우리 동네로 오게 되었는지 아는 사람은 아무도 없었다. 사람들은 그가 어느 한 지주 밑에서 일하다가 예전에 어딘가에서 근무했었던 것 같다고 말했다. 그러나 확실한 건 아무도 몰랐다. 전부 그를 통해 직접 알게 된 것이 아니고, 다른 누군가로부터 들은 얘기였기 때문이다. 디끼 바린처럼 말이 없고 어두운 사람은 찾아보기 힘들 정도였다. 그가 이 곳에 살고 있다는 사실 외에는 아무것도 확실히 말할 수 있는 것이 없었다. 그는 아무 일도 하지 않았으며, 누구를 방문하는 일도 없었고, 아는 사람이 거의 없었으나, 쓸 돈은 항상 있었다. 많지는 않았지만 정말 항상 돈이 있었다. 그는 겸손한 사람은 아니었다. 겸손하다기 보다는 그냥 조용히 살았을 뿐이다. 그는 자신의 주변 사람들에 대해 전혀 관심이 없었으며 아무도 필요 없다고 생각하고 있었다. 디끼 바린(그의 본명은 뻬레플레소프였으나 사람들은 이렇게 불렀다)은 이 동네에서 엄청난 영향력을 갖고 있었다. 그가 누군가에게 명령할 만한 권리를 갖고 있는 것도 아니었고, 심지어 우연히 만난 사람들에게 복종하라는 요구를 한 적도 없었지만 모두 기꺼이 그를 따랐다. 그는 자신이 힘을 갖고 있기 때문에 당연히 모두가 자신에게 복종하는 것이라고 말했다. 그는 술을 거의 마시지 않았고 여자를 알지도 못했으나 노래 만큼은 열정적으로 좋아했다. 수수께끼 같은 면이 많은 사람이었다. 마치 어떤 거대한 힘이 그에게 내재된 것처럼 보였다. 그 거대한 힘이 한 번 솟구치면, 한번 의지와 맞물리면, 자신 뿐만 아니라 그의 손에 닿지도 않는 것들까지 파괴된다는 것을 본인도 잘 알고 있는 듯했다. 만약 그의 삶에서 이와 유사한 힘의 폭발이 일어난 적이 없다고 말하거나, 경험이 많고 죽음의 위험에서 구사일생으로 살아날 수 있었던 그가 자신을 엄격하게 억누르고 있지 않다고 말하는 것은 큰 실수이다. 특히 나를 놀라게 한 것은 어떤 천부적으로 타고난 잔인함과 고상함이 그에게 고스란히 혼재되어 있다는 것이다. 이런 혼재된 모습을 가진 사람은 한번도 본 적이 없었다.

이제 청부인이 앞으로 나와서 눈을 반쯤 감고 높은 가성으로 노래를 부르기 시작했다. 그의 목소리는 다소 쉬었지만 충분히 기분 좋고 달콤했다. 그는 목소리로 연주를 하는 듯 이리저리 기교를 부렸다. 종달새처럼 끊임없이 다채롭게 노래하면서 고음에서 저음으로 흘러내려오다가 연달아 최고음까지 다시 올라가기도 했다. 가장 높은 음에서는 특히 더 힘을 주어 버티면서 길게 소리를 냈다. 그리고 소리를 그쳤다 싶더니 갑자기 더욱 더 용맹한 기운을 실어 방금 전의 선율에 이어 불렀다. 이렇게 노래 분위기를 전환시키는 것이 한편으로는 매우 과감하기도 했고, 또 한편으로는 신비스럽기도 했다. 이렇게 훌륭한 전환점을 표현할 수 있다는 것은 가수 자신으로서는 매우 만족스럽지만, 한편으로는 독일인들은 질투에 분노하여 당장 달려올만한 것이다. 청부인은 그야말로 러시아의 '테노레 디 그라지아(Tenore Di Grazia, Tenor Leger)[13]'였다. 그는 즐겁고 경쾌한 노래를 불렀는데, 이 노래는 끊임없이 과장된 자음과 감탄사로 꾸며진 노래로 내가 알아들은 가사는 이랬다.

　나는 경작하네, 젊음을, 젊음을,
　작은 땅덩어리에서.
　나는 씨를 뿌리네, 젊음을, 젊음을,
　붉은 빛의 꽃을.

　이렇게 그는 노래를 불렀고 모두들 매우 집중해서 그의 노래를 들었다. 그는 자기 스스로가 거장의 수준에 올라있다고 느꼈는지, 그야말로 온 힘을 다해 필사적으로 노래했다. 사실, 우리 지역에 사는 사람들은 노래에 있어서 전문가 수준이었다. 그러한 까닭에 대(大) 오룔[14] 지방의 세르기예프스꼬예 마을은 러시아 전역을 통틀어 그 독특하고 경쾌하며 조화로운 선율로 유명하다. 청부인의 노래는 코러스가 받쳐주지 않아 청중들에게 큰 공감을 일으키지 못하였지만 한참 동안 지속되었다. 마침내 디끼

바린으로 하여금 미소를 짓게 만든 어느 성공적인 전환점에 이르러 오발두이가 참지 못하고 만족스러움에 크게 소리를 질렀다. 다른 이들은 몹시 놀라 심하게 몸을 떨었다. 오발두이와 모르가치는 조용히 청부인의 노래를 이어서 부르기 시작하더니 둘이서 합창을 하다가 갑자기 소리를 질러댔다.

"나쁜 놈! ……계속해, 이 교활한 자식아! 계속해, 이어서 하라고, 간사한 놈! …… 계속 이어서 해라! 이 개 자식아! 끝까지 부르란 말이야! ……헤롯 왕이 쫓아와 널 죽이고 말거야!"

니꼴라이 이바니치는 바 뒤에서 동의하는 듯 고개를 이쪽 저쪽으로 으쓱해 보였다. 오발두이는 마침내 흥분을 가라앉히고 총총걸음을 하며 어깨를 실룩거리고 있었다. 한편 야꼬프는 석탄을 넣은 것처럼 눈빛이 이글거렸고, 나뭇잎처럼 벌벌 떨면서 억지스러운 미소를 지어 보이고 있었다. 디끼 바린만이 얼굴에 아무런 변화도 없이 자리에서 꿈쩍도 않고 있었다. 그의 입술은 여전히 냉소적인 채로 남아 있었으나, 청부인을 향한 그의 시선은 다소 누그러들었다. 모두가 만족스러워하는 모습을 보이자 청부인은 한층 고무되어 노래를 끝까지 불렀고, 요들 같은 기교로 마무리하는 부분이 시작되어 혀로는 쉴 새 없이 빠르게 지저귀고, 목으로는 맹렬하게 노래를 불렀다. 마침내 청부인은 지치고 창백해져 뜨거운 땀으로 뒤범벅이 된 채 몸을 뒤로 빼고는 듣기만 해도 아찔한 마지막 외침을 뿜어냈다. 마지막의 맹렬한 폭발적 외침에 모두가 한 목소리로 경탄의 소리를 지르며 환호해 주었다. 오발두이는 그의 목에 매달려 자신의 길고 뼈가 앙상한 손으로 숨을 못 쉴 정도로 꽉 끌어안았다. 니꼴라이 이바니치는 기름기 흐르는 얼굴에 홍조를 띠어 더 젊어진 것 같이 보였다. 야꼬프는 미친 사람처럼 소리쳤다.

"훌륭해, 정말 훌륭해!"

내 옆에 있던 낡은 작업복의 농부까지도 참지 못하고 주먹으로 탁자를 세게 치며 소리지르다시피 말했다.

"아하, 좋아! 죽이는 구만! 좋았어!"

그리고는 한쪽으로 거칠게 가래를 뱉었다

"좋아, 자네, 아주 즐거웠어!"

오발두이가 기진맥진하는 청부인을 끌어안고 풀어주지 않은 채 소리질렀다.

"아주 잘했다고. 더 이상 어떻게 표현할 수 있겠나! 네가 이겼어, 이겼다고! 축하해. 맥주 한 통은 네 꺼야! 야쉬까는 아직 너처럼 되려면 멀었어……. 내 확실히 말하지만 야쉬까는 멀었다고……. 나를 믿어!"

(오발두이는 이렇게 말하면서 다시 한번 청부인을 자신의 가슴팍에 끌어 안았다.)

"이제 그만 그를 놔줘. 끈질긴 녀석……. 놔주라고."

모르가치가 짜증을 내며 말했다.

"청부인에게 앉을 수 있도록 의자 같은 걸 줘라. 봐, 지쳐있잖아……. 이 바보 같은 녀석. 어이구, 이 친구야, 정말 멍청하기 짝이 없군. 사람 귀찮게 왜 졸졸 따라 다니는 거야?"

"아, 그래, 앉아 있도록 해. 네 건강을 위해 건배하겠어."

오발두이가 이렇게 말하고는 바를 향해 다가갔다. 그리고는 청부인을 향해 덧붙여 말했다.

"친구, 자네가 내는 거야."

청부인은 고개를 끄덕이고 의자에 앉아 모자에서 수건을 꺼내 얼굴을 닦기 시작했다. 오발두이는 허겁지겁 게걸스럽게 잔을 비웠다. 그리고 괴로운 술꾼의 습성대로 만족스럽게 트림을 꺼억 하면서 슬프고 근심 가득한 표정을 지어 보였다.

"아주 잘 부르는 군, 친구. 잘했어."

니꼴라이 이바니치가 상냥하게 칭찬해 주었다.

"야샤, 이제 네 차례야. 이봐, 겁내지 마. 누가 더 잘하는지 한번 보자……. 그건 그렇고 청부인은 정말 잘 부르는 구만. 참 잘 부른다고."

"정말 잘 부르는데요."

니꼴라이 이바니치의 부인이 끼어들어 이렇게 말하고는 야꼬프를 바라보며 미소를 지었다.

“아주 좋았어!”

내 옆에 있는 농부가 낮은 목소리로 또 다시 감탄하고 있었다.

“아, 야만적인 뽈레시예[15]인이군!”

오발두이가 갑자기 이렇게 소리치더니 어깨에 구멍 난 옷을 입은 그 농부에게 다가와 손가락으로 가리키면서 펄쩍 뛰며 쩌렁쩌렁한 소리로 웃어대기 시작했다.

“뽈레시예인! 뽈레시예인! 하, 바데[16], 몰아라! 야만인아! 여긴 어인 일로 행차하셨나?

오발두이는 웃으면서 계속 소리를 질러 댔다.

불쌍한 농부가 당황해 빨리 나가기 위해 일어서려던 순간, 디끼 바린의 중후한 목소리가 들려왔다.

“이게 무슨 못 배워먹은 동물 같은 짓이냐!”

디끼 바린이 이를 부드득 갈며 말했다.

“아무것도, 아무것도……. 난 그냥…….”

오발두이가 중얼거렸다.

“어쨌든 좋아, 넌 닥치고 있어!”

디끼 바린이 말을 받아 쳤다.

“야꼬프, 시작해!”

야꼬프는 손으로 목을 만지면서 말했다.

“뭘, 저기, 뭘 하라는 거야……. 뭔가…… 음…… 몰라, 정말 모르겠어, 도대체 뭘…….”

“이런, 전혀 겁먹을 것 없어. 뭘 어물쩍하고 있는 거야? ……부끄러운 줄 알아! …… 신이 시켰다고 생각하고 불러!”

---

15 벨로루시 남부 지역을 일컫는 말.
16 뽈레시예에서는 단어마다 감탄사로 ‘하’와 ‘바데’를 잘 붙이곤 한다.

이렇게 말한 후 디끼 바린은 눈을 내려 깔고 기다렸다.

야꼬프는 잠자코 주변을 살펴보고는 손으로 얼굴을 가려버렸다. 모두가 그를 뚫어지게 쳐다보고 있었다. 특히 청부인은 더욱더 그를 뚫어지게 바라 보았다. 청부인의 얼굴엔 자신만만함과 승리의 영광 한편으로 뜻하지 않았던 약간의 불안감이 드러나기 시작했다. 그는 벽에 기대어 다시 팔짱을 꼈으나 더 이상 다리를 건들거리지는 않았다. 마침내 야꼬프가 얼굴에서 손을 떼어냈을 때 얼굴은 시체처럼 창백했고 두 눈은 아래로 축 처진 속눈썹 밑에서 희미하게 반짝이고 있었다. 그가 숨을 크게 들이쉬고는 노래를 시작했다……. 그의 시작 목소리는 약하고 안정적이지 못했으나, 그의 가슴 속에서, 저 멀리 어딘가에서 우연히 이 방안으로 날아들어 온 것처럼 느껴졌다. 그의 흔들리면서 울려 퍼지는 소리가 이상하게도 우리 모두의 마음을 흔들어 놓았다. 우리는 서로 서로를 쳐다보았으며, 니꼴라이 이바니치의 아내는 자세를 고쳐 잡고 앉았다. 첫 음에 이어 좀더 강하고 긴 음이 나왔다. 그러나 모든 음들이 현악기처럼 떨리고 있었다. 갑자기 손가락을 강하게 튕겼을 때 현악기의 마지막 음이 빠르면서도 아득하게 사라져가는 진동을 가지는 것처럼 말이다. 두 번째 음에 이어 세 번째 음이 더욱 정열적으로 퍼져나가면서 슬픈 노래가 쏟아져 나오기 시작했다.

들판에 난 여러 갈래의 길

이렇게 그가 노래를 불렀고, 청중은 모두 약간 우울한 기분에 젖어 들기 시작했다. 고백하건대, 나는 지금까지 그런 목소리를 들어본 적이 거의 없다. 그의 목소리는 약간 쉰 듯 하면서 떨리듯이 울려 퍼졌다. 게다가 처음에는 고통스러워 한다는 느낌이 들기까지 했다. 그러나 그의 목소리에는 진정한 깊은 열정, 젊음, 힘, 달콤함, 그리고 매력적이고 평안한 듯 하면서도 슬픈 애수가 담겨 있었다. 러시아의 진실된 뜨거운 영혼이 그의 목소리 속에서 울리고 숨쉬면서, 우리의 마음 속에 녹아 들었고 그가 가진 러시아인 특유의 기질 속에 젖어 들었다. 노랫소리가 높아졌고, 이내 주위에 가득 울려 퍼졌다. 야꼬프는 지금 모든 것을 잊고 노래에만 열중하는 것 같았다. 그는 이제 겁을 내지도 않았고 완전히 행복감에 젖어 있었다. 더 이상 목소리를 떨지도 않았다. 아니, 떨었다. 그러나 거의 알아차릴 수 없을 정도로 내재되어 있으면서 청중의 가슴에 화살처럼 꽂히는 열정의 떨림이다. 그의 목소리는 점점 더 강하게 힘이 실려 퍼져나갔다. 나는 언젠가 해질 녘 썰물 때에 저 멀리 파도가 무섭게 출렁거리는 바닷가의 평탄한 모래사장에서 커다란 백 갈매기를 본 적이 있다. 갈매기는 비단 같은 하얀 가슴을 새빨간 저녁 노을에 드러내놓고 꼼짝 않고 앉아있다가, 정든 바다를 향해 그리고 저물어 가는 붉은 태양을 향해 이따금 그 긴 날개를 천천히 펼치곤 했다. 나는 야꼬프의 노래를 들으면서 문득 그 갈매기를 떠올렸다. 그는 자신의 경쟁자도 청중의 존재도 완전히 잊어버린 듯 노래에 푹 빠져 있었다. 우리의 조용하지만 열화와 같은 관심을 파도로 삼은 채 그대로 몸을 맡기고 용감하게 헤엄치는 사람과 같았다. 그는 계속해서 노래를 불렀다. 그 목소리의 한 음 한 음 속에서 마치 눈 앞에 끝없이 펼쳐진 낯익은 광야와 같은 고향의 광활한 무언가를 느낄 수 있었다. 나는 가슴이 북받쳐 오르고 눈물이 왈칵 솟아오르는 것을 느꼈다. 어디 선가 문득 울음을 참는 듯한 낮은 흐느낌 소리가 들렸다……. 뒤돌아보니 선술집 주인의 부인이 창문 쪽으로 돌아서서 울고 있었다. 야꼬프는 재빨리 그녀를 힐끗 보고는 더욱 소리를 높여 한층 달콤한 목소리로 부르기 시작했다. 니꼴라이 이바니치는 고개를 떨구었고, 모르가치는 얼굴을 돌려버렸다. 오발두이는 완전히 감동받아서 바보처럼 입을 헤 벌린 채 서있었다. 허름한 차림의 농부는 한 쪽 구석에서 슬픈 듯 중얼거리면서 고개를 저으며 조용히 훌쩍이고 있었다. 디끼 바린의 구릿빛 얼굴에도 덥수룩한 눈썹 아래로 굵은 눈물방울이 천천히 흘러내렸다. 청부인은 꼭 쥔 주먹으로 이마를 받치고 앉아 미동도 하지 않았다……. 만약 야꼬프가 유난히 높고 가는 목소리로 갑자기 중단하듯 노래를 끝맺지 않았다면, 우리가 어떻게 이 모든 고뇌에서 벗어날 수 있었을지 모를 일이다. 어느 누구도 소리를 내지 않았고, 움직이는 사람도 없었다. 모두들 그가 계속 부르지 않을까 하고 기다리는 것 같았다. 그러나 그는 우리가 조용히 있는 게 놀랍다는 듯이 눈을 크게 뜨고는 의아한

Russian Short Story

눈빛으로 청중들을 둘러보았다. 그리고 자신이 승리했다는 것을 깨달았다…….

"야샤!"

디끼 바린이 그를 불러 어깨에 손을 올리고는 무언가 말하려는 듯 하더니 그냥 입을 다물었다.

우리는 모두 넋을 잃고 그대로 서있었다. 그 때 청부인이 조용히 일어나 야꼬프에게 다가갔다.

"자네…… 자네가…… 자네가 이겼네."

그는 이렇게 어렵게 말한 뒤 밖으로 뛰어나가 버렸다…….

그의 재빠르고 단호한 행동은 청중들의 꿈 같은 기분을 금세 무너뜨렸다. 그리고는 모두들 즐겁게 왁자지껄 떠들기 시작했다. 오발두이는 폴짝폴짝 뛰며 혀 짧은 소리로 뭐라고 지껄이기 시작했고, 풍차의 날개처럼 양손을 휘젓기도 했다. 모르가치는 절뚝거리며 야꼬프에게 다가가 그에게 키스를 퍼부었다. 니꼴라이 이바니치는 자리에서 몸을 조금 일으키더니 자기도 손님들에게 맥주 한 통을 더 내놓겠다고 근엄하게 선언했다. 디끼 바린은 내가 그의 얼굴에서 볼 수 있으리라고는 상상도 못했던 선한 미소를 띠면서 웃고 있었다. 한 구석에 앉아있던 남루한 차림의 농부는 자신의 옷소매로 눈이며 볼이며 코, 턱수염까지 눈물을 훔치면서 연신 감탄사를 쏟아냈다.

"잘하는 군, 세상에, 이런, 정말 잘해. 더럽게 잘 부르는구만!"

니꼴라이 이바니치의 부인은 얼굴이 새빨개져서 얼른 일어나 자리를 떠났다. 야꼬프는 어린아이처럼 자신의 승리를 기뻐하고 있었다. 그의 얼굴은 완전히 다른 사람 같았다. 특히 그의 눈에는 행복함이 역력했다. 사람들이 그를 바 쪽으로 끌고 갔다. 그는 얼굴이 눈물로 범벅이 된 초라한 농부도 바 쪽으로 부르고, 선술집 아들에게 청부인을 찾아오라고 내보냈다. 그러나 청부인을 찾을 수 없어 그대로 떠들썩한 술판이 벌어졌다.

"자네 우리에게 노래 좀 더 불러주게나. 해가 저물 때까지 말이야."

오발두이가 두 손을 높이 쳐들며 말했다.

나는 야꼬프를 한 번 더 쳐다보고는 밖으로 나왔다. 그곳에 더 이상 머물고 싶지 않았다. 야꼬프에 대한 좋은 인상을 망가뜨리기 싫었던 것이다. 그러나 찌는 듯한 무더위는 여전히 견디기 힘들었다. 마치 폭염이 두껍고 무거운 장막처럼 지상을 뒤덮고 있는 것 같았다. 검푸른 하늘에는 작고 밝은 불똥 같은 것이 까맣고 자잘한 먼지 속에서 빙빙 돌고 있었다. 주위는 고요했다. 무기력한 자연의 깊은 침묵 속에 짓눌린 절망적인 무언가가 느껴졌다. 나는 건초를 쌓아두는 곳간으로 가서 베어낸 지는 오래되지 않았지만 벌써 거의 말라버린 풀 더미 위에 드러누웠다. 나는 한동안 잠이 들 수 없었다. 사람을 매료시키는 야꼬프의 목소리가 오랫동안 귓가에 맴돌았기 때문이다……. 그러나 결국 더위와 피로에 지쳐 나는 깊은 잠에 빠져들었다. 눈을 떴을 때 주위는 이미 어두워져 있었다. 곳간 안에 여기저기 흩어져 있는 건초들이 습기를 머금은 듯 강한 냄새를 풍겼다. 반쯤 열린 지붕의 가늘고 긴 나무막대 사이로 작은 별들이 희미하게 반짝거렸다. 나는 밖으로 나왔다. 저녁놀은 진작에 사라져 버렸고, 그 마지막 흔적만이 지평선 너머로 희미하게 남아있었다. 그러나 조금 전까지 뜨겁게 달아올라 있던 공기 속에선 밤의 선선함에도 불구하고 아직도 무더운 열기가 느껴졌다. 내 가슴은 여전히 시원한 바람을 애타게 갈망하고 있었으나, 바람 한 점 불지 않았고 비구름도 없었다. 겨우 눈에 띌 정도로 작지만 수많은 별들이 속삭이듯 희미하게 반짝였고, 깨끗하고 투명하면서도 깜깜한 하늘이 주위를 온통 감싸고 있었다. 저 멀리 마을의 불빛이 띄엄띄엄 보였다. 그리 멀지 않은 환하게 불이 켜진 선술집에서는 왁자지껄하고 떠드는 소리가 들려왔다. 그 속에는 야꼬프의 목소리도 섞여 있는 것 같았다. 이따금 요란한 웃음소리가 터져 나오기도 했다. 나는 창문으로 다가가 유리창에 얼굴을 갖다 댔다. 야단법석의 생생한 모습이기는 했지만, 그다지 유쾌하지 않은 광경이 눈에 들어왔다. 너나 할 것 없이 모두가 술에 잔뜩 취해 있었다. 야꼬프를 비롯해서 모두가 말이다. 야꼬프는 가슴을 드러내 놓은 채 의자에 걸터앉아 쉰 목소리로 저속한 무도곡을 부르며, 느릿느릿 기타 줄을 튕기고 있었다. 땀에 젖은

머리카락이 덩어리가 져서 무섭도록 창백해진 그의 얼굴 위로 흘러내렸다. 선술집 한 가운데서는 오발두이가 그야말로 완전히 '풀어져서' 까프딴도 벗어 던진 채, 회색 외투의 농부 앞에서 껑충껑충 뛰는 시늉을 하고 있었다. 농부는 또 농부대로 비틀거리며 간신히 걷거나 힘 빠진 다리를 질질 끌거나 하고 있었다. 그리고는 덥수룩한 수염 사이로 바보같이 히죽히죽 웃으면서 '될 대로 되라!'는 식으로 가끔 한쪽 손을 내젓기도 했다. 그가 아무리 눈썹을 치켜 올려도 무거워진 눈꺼풀은 올라갈 생각을 하지 않았다. 농부의 이런 얼굴보다 더 우스꽝스러운 것은 없을 것이다. 이미 확실히 반쯤 감긴 그의 눈은 흐리멍덩하지만 최고로 기분 좋아 보였다. 누군가 그의 얼굴을 보기만 하면 '여어! 자네 기분 최고로군!' 이라고 한마디 던지지 않을 수 없을 정도로 그는 완전히 곤드레만드레 취한 상태였다. 가재처럼 얼굴이 새빨개진 모르가치는 콧구멍을 크게 벌렁거리면서 한 쪽 구석에서 독살스럽게 웃고 있었다. 오직 니꼴라이 이바니치 한 사람만이 진정한 선술집 주인답게 평상시의 냉정함을 지키고 있었다. 술집에는 새로운 얼굴들도 많이 모여있었다. 그러나 디끼 바린의 모습은 보이지 않았다.

나는 몸을 돌려 꼴로또프까 마을이 있는 언덕을 빠른 걸음으로 내려가기 시작했다. 이 언덕 기슭에는 드넓은 평야가 펼쳐져 있다. 저녁 안개가 자욱하게 드리워져서 이 평야가 더욱 광활하게 느껴졌고, 마치 어둑어둑해진 밤 하늘과 하나로 이어진 것 같았다. 나는 골짜기를 따라 성큼성큼 걸어 내려갔다. 이때 벌판 어딘가 먼 곳에서 갑자기 사내아이의 목소리가 들려왔다.

"안뜨롭까! 안뜨롭까아-아-아……!"

그 아이는 마지막 음절을 길게 늘이면서 금방이라도 울음을 터트릴 것 같은 목소리로 계속 불러댔다.

그리고 잠시 잠자코 있더니 다시 외치기 시작했다. 그 소리는 가만히 선잠을 자고 있는 밤공기를 뚫고 멀리까지 울려 퍼졌다. 안뜨롭까라는 이름을 적어도 서른 번쯤 불렀을 때, 갑자기 벌판 저 반대편에서 마치 다른 세상에서 들려오는 것처럼 들릴 듯 말 듯한 대답이 들려왔다.

"왜-애-애--애?"

사내아이는 반가우면서도 화난 목소리로 바로 외치기 시작했다.

"이리 와봐, 젠장, 이 바보야-아-아!"

"왜 그러는 데-에-에--에?"

한참 후에야 상대가 대답했다.

"아부지가 너 때리신 데에-에--에."

첫 번째 아이가 서둘러 외쳤다.

저쪽에서 더 이상 대답이 없자, 사내아이가 다시 안뜨롭까를 부르기 시작했다. 그 외치는 소리가 점점 약해지면서도 내 귓가에 들려왔다. 사방이 아주 깜깜해 졌을 때,

나는 꼴로또프까에서 4 베르스따 떨어져 있고 우리 마을을 에워싸고 있는 숲을 한 바퀴 끼고 돌았다…….

"안뜨롭까아아-아-아!"

아직도 사내아이의 목소리가 어둠으로 가득 찬 밤 공기를 뚫고 아직도 들려오는 것 같았다.

Russian Short Story :: 04

04

농부 마레이

도스또예프스끼 | Dostoevskii

여기의 모든 '신앙고백(professions de foi)'은 아마 읽기 지루할 지도 모르겠다. 그래서 일화 하나를 소개 할까 한다. 어쩌면 일화라고 부를 수 없는 이야기일지도 모른다. 민중에 대한 우리의 연구를 마치면서 바로 이 순간 이 자리에서 이야기 하고 싶은 그냥 하나의 오래된 기억일 뿐이다. 그 때 나는 기껏해야 아홉 살이었다……. 아니, 내가 스물아홉 살 때의 이야기부터 시작하는 것이 낫겠다.

부활절 주간의 둘째 날이었다. 날씨는 따뜻했고, 하늘은 맑았으며, 태양은 저 높이서 '뜨겁고' 선명하게 내리쬐는 밝은 날이었다. 그러나 내 기분만은 너무나 암울했다. 나는 오랫동안 숙소 주위를 어슬렁거리면서 굳게 쳐진 감옥 울타리를 하나, 둘 세며 돌아보았다. 그렇게 울타리 수를 세는 것도 이미 버릇이 되었건만 이젠 그것도 하고 싶은 마음이 들지 않았다. 감옥에 '축제가 찾아온 지' 이틀째 되는 날이었다. 죄수들에게 노동을 시키지도 않았고, 술에 취한 자들이 넘쳐났다. 여기저기에서 욕설, 싸움이 난무했다. 듣기 싫은 저질스러운 노래가 흘렀고, 침대 밑에선 카드 판이 벌어졌다. 유독 심하게 소란을 피워 죄수들 사이에서의 자체적인 재판에 따라 죽도록 얻어 맞은 뒤

가죽옷을 덮고 침대에 누워있는 자들도 있었다. 벌써 몇 번이나 칼부림이 나기도 했다. 축제 이틀 만에 일어난 이 모든 일들 때문에 나는 괴롭기 짝이 없었다. 나는 항상 술 취한 자들의 방탕함에 대해서 혐오감을 가지고 있던 터였는데, 특히 이 곳에서는 더욱 심했다. 감옥 측에서는 일년에 한 번쯤은 죄수들이 진탕 놀 수 있게 해주어야지 그렇지 않으면 반발이 더 커진다는 것을 잘 알고 있었기에, 축제 기간에는 감옥 순찰도 하지 않고, 수색도 하지 않을 뿐 더러, 죄를 묻지도 않았다. 결국 내 가슴 속에 악의만 더욱 타오르게 되었다. 나는 정치범인 폴란드인 M-츠끼를 만나게 되었다. 그는 암울하게 나를 바라보았다. 그의 눈은 번뜩였고 입술은 떨리고 있었다.

"Je hais ces brigands! (나는 이 악당들을 증오해!)"

그는 이를 부득부득 갈며 나에게 낮은 목소리로 이렇게 이야기하고는 옆으로 지나갔다. 나는 불과 15분 전에 숙소에서 미친 듯이 달려 나왔음에도 불구하고 다시 숙소로 돌아왔다. 아까 여섯 명의 건장한 농부가 술 취한 타타르인 가진을 진정시키려고 한꺼번에 덮치더니 두들겨 패기 시작하는 것을 보고 빠져 나왔던 것이다. 그들은 가진을 낙타라도 때려 죽일 듯이 마구 두들겨 팼다. 그들은 이 헤라클레스가 쉽게 죽지 않는다는 것을 잘 알고 있었기 때문에 아무 걱정 없이 두들겨 팼다. 나는 숙소로 돌아와서 구석으로 눈길을 돌렸다. 구석의 침대 위에는 죽은 듯이 의식을 잃은 가진이 가죽옷을 덮고 누워 있었다. 모두들 아무 말없이 그의 옆으로 지나갔다. 다들 내일 아침 무렵엔 그가 깨어나길 원했지만, '그렇게 두들겨 맞으면 무슨 일이 일어날 지 모르고, 심지어 사람이 죽을 수도' 있다. 나는 쇠창살이 쳐진 창문 맞은 편의 내 자리에 겨우 기어들어가서는 머리 뒤로 팔베개를 하고 똑바로 누워 눈을 감았다. 나는 그렇게 눕는 것을 좋아했다. 아무도 자는 사람을 귀찮게 하지는 않으므로 꿈을 꿀 수도 있고, 생각에 잠길 수도 있었다. 그러나 그날 따라 꿈을 꿀 수도 없었고, 심장이 불안하게 고동치기 시작했다. 그리고 '나는 이 악당들을 증오해!' 라는 M-츠끼의 말소리가 귓가에 맴돌았다. 그러나 그 느낌을 어떻게 설명해야 할지 모르겠다. 나는 가끔 밤마다 이 순간을 꿈에 보기도 하는데, 이보다 더 괴로운 것은 없을 것이다. 아마 독자들은 지금까지 내가 나의 감옥 생활에 대해 글로 써서 이야기 해 본 적이 없다는 것을 눈치챘을 것이다. 15년 전에 '죽음의 집에서의 수기'를 쓰기는 했지만 아내를 죽인 죄수라는 허구의 인물 입장에서 쓴 것이었다. 이 참에 자세한 이야기를 덧붙이자면, 그 후에 많은 사람들이 내가 아내를 죽인 죄로 유형에 처해졌다고 추측하거나 확신하고 있다고 한다.

나는 점점 졸음에 빠지면서 나도 모르게 추억 속으로 빠져 들어갔다. 감옥에서의 4년 동안 나는 나의 모든 지난 과거를 떠올려 보았고, 추억 속에서 내 과거의 삶을 다시 산 것 같이 느껴졌다. 이러한 추억들은 저절로 떠오른 것이지 내가 일부러 생각해 내려고 한 적은 없다. 일종의 점이나 선, 혹은 하찮은 것에서 시작되어 점점 완전한 그림으로 바뀌면서, 어떤 강하고 절대적인 인상으로 변하는 것이다. 나는 이러한 인상을 분석하였고, 이미 오래전의 경험에 새로운 모습을 입혔다. 중요한 것은 그러한 추억을 끊임없이 고치고 또 고치는 과정이 내 오락거리가 되었다는 것이다. 이번에는 왠지 모르게 내가 완전히 잊고 있었던 아홉 살 밖에 안되었을 때인 내 어린시절의 한 순간이 갑자기 머리 속에 떠올랐다. 그 당시엔 그런 아주 어릴 적의 기억이 떠오를 때가 참 좋았다. 우리 시골 마을에서 8월 어느 날에 있었던 일로 기억된다. 그 날은 건조하고 맑은 날이었으나, 약간 쌀쌀하고 바람이 불었다. 여름이 막바지에 접어든 때였고, 곧 나는 모스크바로 돌아가서 겨울 내내 또 다시 프랑스어 공부와 씨름해야 했기 때문에 시골마을을 떠나는 것이 못내 아쉬웠다. 나는 곡식창고를 지나 골짜기로 내려가서 로스끄로 올라갔다. 우리 마을에서는 골짜기의 숲이 시작 되기 전 우거진 관목지대를 로스끄라고 불렀다. 나는 관목 속에 숨어 있었는데 서른 걸음도 채 안되는 거리에서 한 농부가 혼자 땅을 갈고 있는 소리가 들렸다. 나는 그가 산비탈을 갈고 있어서 말이 힘들어한다는 것을 알아챘다. 이따금 나한테까지 그가 외치는 소리가 들려오기도 했다.

"워, 워!"

나는 우리 마을의 모든 농부들을 거의 다 알고 있었지만 그 때 땅을 갈던 농부는 누군지 몰랐다. 하긴 나도 내 일 하는 것 만으로도 정신이 없었기 때문에 누가 땅을 갈던 알 바 아니었다. 나는 개구리에게 휘두를 호두나무 가지 채찍을 만드느라 정신이 팔려 있었다. 호두나무 채찍은 보기에도 좋았고 자작나무 채찍과는 비교도 안될 만큼 부드러웠다. 작은 벌레나 풍뎅이도 내 마음에 들었다. 나는 이런 벌레를 수집하고 있었는데, 그 중에는 꽤 예쁜 벌레도 있었다. 검은 점이 있는 울긋불긋한 작고 재빠른 도마뱀도 좋아했다. 뱀은 무서워했지만 도마뱀보다 덜 마주쳤기 때문에 상관없었다. 버섯은 별로 없었다. 버섯을 찾으려면 자작나무 숲 속으로 들어가야 했기에 나는 막 그리로 가려던 참이었다. 버섯, 산딸기가 자라고, 작은 벌레, 새, 고슴도치, 다람쥐가 노닐며, 축축한 낙엽 썩는 냄새가 나는 숲보다 더 사랑했던 것은 내 평생 없을 것이다. 지금 내가 이 글을 쓰는 순간에도 우리 시골 마을의 자작나무 냄새가 어른거리는 듯 하다. 이런 인상은 내 평생에 걸쳐 아직까지 남아 있다. 그때 갑자기 깊은 정적을 깨뜨리는 또렷하고 선명한 외침이 들려왔다.

"늑대다!"

나는 깜짝 놀라 미친 듯이 비명을 지르며 밭을 갈고 있는 농부를 향해 들판으로 뛰어나갔다.

그는 우리 집 농노 마레이였다. 그런 이름이 진짜 있는 지는 모르지만, 어쨌든 사람들이 모두 그를 마레이라고 불렀다. 그는 50세 가량 되어 보였으며, 튼튼한 몸집에 키가 매우 크고, 희끗희끗 하얗게 센 숱이 많은 황갈색 턱수염을 기른 농부였다. 나는 그를 알고 있었지만 이 전에는 그와 말을 해본 적이 거의 없었다. 마레이는 내가 외치는 소리를 듣고 암말을 멈추어 세웠다. 나는 그에게 달려가 한 손으로는 그의 쟁기를 잡고, 또 다른 한 손으로는 그의 소매를 붙잡았다. 그러자 마레이도 놀란 나를 쳐다보았다.

"늑대가 나타났다!"

나는 숨을 헐떡이면서 소리질렀다.

그 순간 그는 정말로 내 말을 믿고 고개를 들어 자기도 모르게 주위를 둘러보았다.

"늑대가 어디 있어요?"

"외치는 소리를 들었어……. 누군가 '늑대다' 하고 외쳤다고……."

내가 중얼거렸다.

　“무슨 말이에요? 늑대라니요. 그냥 그렇게 생각되는 것뿐이에요. 보세요! 늑대가
어디 있나요?”

　그는 나를 안심시키며 말했다. 그러나 나는 온몸을 떨면서 그의 옷자락을 더욱
단단히 잡고 매달렸다. 아마도 내 얼굴이 창백하게 질려 있었던 것 같다. 마레이는 나를
염려하면서 걱정스러운 미소를 지으며 쳐다보았다.

　“저런, 정말 겁먹었군요. 이런, 이런!”

　그가 고개를 저으며 말했다.

　“이젠 괜찮아요. 도련님.”

　그가 손을 쭉 뻗어 갑자기 내 뺨을 어루만졌다.

　“이제 다 괜찮아요. 하느님께서 함께 하실 테니까요. 성호를 그으세요. 도련님.”

　그러나 나는 성호를 그을 수 없었다. 내 입가가 심하게 떨렸고, 이런 나를 본 마레이도
놀란 것 같았다. 마레이는 손톱에 흙 때가 낀 두툼한 손가락을 조용히 쭉 뻗어서 떨리는
내 입술을 가볍게 만져주었다.

　“자, 정말로 괜찮아요.”

　그는 내게 어머니 같은 잔잔한 미소를 오랫동안 지어 보이며 말했다.

　“이런, 이게 무슨 일이람. 이제 걱정 말아요. 괜찮아요!”

　그제서야 나는 그곳에 늑대가 없고, ‘늑대다’라는 소리를 들은 것도 그렇게 느껴졌던
것뿐이라고 생각하게 되었다. 그러나 그 외침은 정말 분명하고 또렷했다. 이전에도 그런
소리(늑대에 관한 것이 아니더라도)를 들었다고 생각된 적이 벌써 한두 번 있었지만, 그
때도 아마 착각이었던 것 같고, 나도 그걸 알고 있었다. (나중에 유년시절이 지나면서
이런 착각도 없어졌다.)

　“나 이제 내려갈래.”

　나는 여전히 미심쩍다는 듯 겁먹은 얼굴로 그를 보며 말했다.

　“그래요. 내려가세요. 제가 도련님 가시는 동안 뒤를 계속 봐드릴게요. 늑대가 우리
도련님 잡아가지 못하게!”

그는 여전히 어머니 같은 미소를 지으며 내게 말했다.

"하느님이 함께 하시길. 자, 내려가세요."

그는 내게 성호를 그어 주었고, 자신에게도 성호를 그었다. 나는 거의 열 걸음마다 뒤를 돌아보면서 그곳을 내려왔다. 마레이는 내가 내려오는 동안 자신의 암말과 그 자리에 서서 내내 나를 지켜보고 있었다. 그리고는 내가 돌아볼 때마다 고개를 끄덕여 주었다. 이제 와서 고백하지만, 그때 마레이 앞에서 잔뜩 겁먹은 모습을 보인 것이 조금 창피했다. 어쨌든 나는 늑대가 나타날 까봐 두려움에 떨며 내려왔고, 골짜기 작은 비탈을 올라가 첫 번째 헛간에 이르러서야 비로소 나의 두려움은 깨끗이 사라졌다. 갑자기 어디선가 우리 집 개, 볼초끄가 나를 맞으러 달려 나왔다. 볼초끄 덕분에 기운을 차린 나는 마지막으로 마레이를 뒤돌아 보았다. 더 이상 그의 얼굴이 또렷하게 보이지는 않았지만, 그가 여전히 나를 보고 온화한 미소로 고개를 끄덕여 주는 것을 느낄 수 있었다. 나는 그에게 손을 흔들었다. 그러자 마레이도 내게 손을 흔들어 주고는 말을 몰기 시작했다.

"워, 워!"

멀리서 그의 말 모는 소리가 다시 들려왔고, 말은 다시 쟁기를 끌기 시작했다.

이 모든 기억들이 한꺼번에 떠올랐는데 왜 그랬는지는 나도 알 수 없었지만 세세한 부분까지도 놀랄 만큼 또렷하게 기억이 났다. 나는 갑자기 정신을 차리고 나무 침상에 걸터앉았다. 일어나서도 내 얼굴에는 추억 속의 잔잔한 미소가 여전히 남아 있었던 것을 지금도 기억하고 있다. 나는 잠시 추억 속에 빠져들었다.

그 날 마레이와 헤어져 집으로 돌아온 나는 내 '모험'에 대해 누구에게도 얘기하지 않았다. 그런데 이걸 모험이라고 할 수는 있을까? 그리고 마레이에 대해서도 금세 잊어버렸다. 나중에 그와 가끔 마주쳤을 때에도 나는 늑대 얘기는 물론이고 다른 어떤 얘기도 하지 않았다. 그리고 20년이 훌쩍 지난 지금, 그것도 시베리아에서 갑자기 그 때의 만남이 마지막 순간까지 너무도 생생하게 기억나는 것이다. 아마 내 의지와는 상관 없이 나도 모르는 사이에 내 마음 속 깊이 자리잡고 있다가, 필요한 순간에 무의식적으로 떠오른 것이리라. '저런, 많이 놀랐군요. 도련님!' 이라며 나를 위해 성호를 그어주고 고개를 끄덕여 주던 가난한 농노의 어머니처럼 부드럽고 온화한 미소가 떠올랐다. 특히 흙이 묻어 지저분하고 두툼한 손가락으로 수줍은 듯 다정하게 내 떨리는 입술을 가만히 만져주던 기억을 잊을 수 없다. 물론 그 상황이라면 누구라도 아이를 달랬을 것이다. 그러나 우리 둘만의 이 만남은 뭔가 전혀 달랐다. 설사 내가 그의 친아들이라 할지라도, 그토록 사랑스러운 눈빛으로 나를 바라볼 수는 없었을 것이다. 그렇다면 누군가 그에게 시키기라도 했다는 말인가? 그는 우리 집 농노였고, 나는 어쨌든 그의 주인집 어린 아들이었으니 말이다. 마레이가 나를 잘 달래주었던 사실을 아는 사람은 아무도 없었고, 그에 대한 보상을 해 준 사람도 없었을 것이다. 그렇다면 그는 원래 어린아이들을 좋아하는 사람이었나? 그런 사람들이 종종 있지 않은가. 그러나 이 만남은 드넓은 벌판에서 일어난 우리 둘만의 만남이었다. 그 당시 자신의 자유에 대해서는 감히 생각지도 못하는, 야수처럼 거칠고 무지한 러시아 농노의 가슴속에 얼마나 깊고 고상한 인간의 감정과 또 얼마나 섬세하고 여성스러운 부드러움이 깃들어 있었는지는 아마 하느님 만이 아셨을 것이다. 꼰스딴찐 악사꼬프[1]가 러시아 민중의 고상한 교양이라고 했던 것이 바로 마레이의 마음씨를 말한 것이 아니었을까?

　　나무 침상에서 내려와 주위를 둘러보았을 때, 나는 이 불행한 사람들을 완전히 다른 시각으로 바라볼 수 있다는 생각이 들었다. 그리고 내 마음속에 응어리 진 모든 증오와 분노가 갑자기 기적적으로 완전히 사라져 버리는 걸 느꼈다. 나는 내가 만났던 사람들의 얼굴을 찬찬히 둘러보며 밖으로 나갔다. 강제로 삭발 당하고 얼굴에 낙인이 찍힌 채 술에 잔뜩 절어서 쉰 목소리로 고성방가를 하고 있는 이 농부도 어쩌면 마레이와 같은 사람일 수도 있다. 내가 그의 마음 속까지 들여다 볼 수는 없으니 모를 일이다. 같은 날 저녁 나는 다시 M-츠끼를 만났다. 가엾은 사람! 그의 기억 속에는 그 어떤 마레이도 없을 것이다. 그리고 이들을 보며 '저 악당을 증오해!'라는 말 밖에 할 수 없을 것이다. 아니, 폴란드 사람들은 그 당시 우리보다 훨씬 더 고통스러웠을지도 모른다!

---

1 Konstantin Sergeyevich Aksakov (1817 ~ 1860), 19세기 러시아 평론가, 역사가, 작가. 러시아 농촌과 민중을 미화하는 경향을 가진 슬라브주의자로 활동하였다.

Russian Short Story :: 05

05

I

가을이었다. 큰 길을 따라 마차 두 대가 빠르게 지나가고 있었다. 앞서가는 마차엔 두 명의 여인이 타고 있었다. 한 명은 얼굴이 창백하고 마른 체구의 여주인이었고, 다른 한 명은 뺨에 윤기가 흐르는 통통한 하녀였다. 하녀의 짧고 메마른 머리칼이 빛 바랜 모자 밑으로 삐져나와 있었고 찢어진 장갑 사이로 보이는 불그스레한 손이 머리칼을 연신 매만지고 있었다. 하녀의 두꺼운 무명 스카프로 감싸진 풍만한 가슴은 오르락내리락 하며 활기차게 호흡을 하고 있었다. 그녀의 재빠르게 움직이는 눈동자는 창문 너머 스쳐 지나가는 들판을 쫓아가는가 하면 수줍게 주인을 향하기도 하고 불안하게 마차의 한 구석을 바라보기도 했다. 하녀의 코 앞 그물선반에 매달린 여주인의 모자가 흔들거렸다. 그녀는 무릎에 강아지를 올려 놓고, 바닥에 놓여있는 장식함에 발을 딛고 있었다. 용수철 튕기는 소리와 덜그렁거리는 유리 소리가 섞여 마치 북 치는 소리처럼 자그맣게 들려왔다.

여 주인은 두 눈을 감은 채 무릎에 손을 모으고 등 뒤에 기대어 놓은 베개에서 몸을 약간 뒤척였다. 그녀는 얼굴을 살며시 찌푸리고 속으로 기침을 했다. 머리에 하얀색 취침용 모자를 쓰고 부드럽고 창백한 목에는 하늘색 삼각형 스카프를 두르고 있었다. 모자 밑으로 반들반들하게 머릿기름을 발라 앞가르마를 탄 황갈색 머리칼이 보였다. 가르마 부분에 보이는 하얀 피부는 매우 푸석푸석해 보였다. 생기 없고 조금은 누런 피부가 섬세하고 아름다운 그녀의 이목구비를 뒤덮고 있었으며, 뺨과 광대뼈 부분만 약간 홍조를 띠고 있었다. 입술은 바싹 메말라 매끄럽지 못했다. 몇 개 없는 속눈썹은 아래로 축 처져 있었고, 외출용 모직 코트는 그녀의 빈약한 가슴 위에 주름 하나 없이 아래로 떨어져 있었다. 비록 그녀가 눈을 감고 있긴 했지만 그녀의 얼굴에는 피곤함과 초조함, 익숙해진 고통의 흔적이 역력히 묻어났다.

하인은 마부 석의 의자 팔걸이에 팔꿈치를 괴고 졸고 있었으며, 마부는 뒤에 따라오는 마차에서 소리치는 다른 마부를 가끔씩 힐끗 거리면서, 덩달아 크게 소리지르며 땀에 흠뻑 젖은 말 네 마리를 몰았다. 넓고 평행한 바퀴 자국이 석회질 토양 위로 빠르고 정확하게 그려져 나갔다. 하늘은 잿빛이었고 날은 추웠다. 회색 안개가 길과 벌판을 뒤덮고 있었다. 마차 안은 후덥지근했고 향수와 먼지 냄새가 진동했다. 아픈 여인은 고개를 뒤로 젖히고는 천천히 눈을 떴다. 그녀의 크고 아름다운 검은 눈이 반짝거렸다.

"또 시작이군."

그녀는 자신의 다리에 약간 닿아 있는 하녀의 옷깃을 우아하고도 가녀린 손으로 신경질적으로 떼어내며 말했다. 그녀의 입은 병적으로 일그러져 있었다. 하녀 마뜨료샤는 그녀의 건강미 넘치는 다리 위로 덮여 있는 치마 깃을 양손으로 자기 쪽으로 추스르고 조금 더 떨어져 앉았다. 생기 발랄한 마뜨료샤의 얼굴은 홍조를 띤 채 밝게 빛났다. 아픈 여인의 아름다운 검은 눈동자가 하녀의 움직임을 예의주시하고 있었다. 그녀는 양팔로 좌석을 짚고 몸을 꼿꼿이 하려 했으나 팔에 힘이 쭉 빠지고 말았다. 그녀의 입은 씰룩 거렸고, 얼굴은 무력하면서도 표독스러운 냉소를 띠며 일그러졌다.

"날 도와주려고 하고 있지! ……아! 됐어! 나 혼자 할수 있어. 내 뒤에 이런 짐 좀 놓지 마라. 부탁한다! ……그래, 할 수 없을 것 같거든 건드리지도 말아다오!"

여주인은 눈을 질끈 감았다가 재빨리 눈꺼풀을 들어 올려 하녀를 쳐다보았다. 마뜨료샤는 붉은 아랫입술을 깨물며 여주인을 바라보고 있었다. 병자의 가슴에서 올라온 깊은 한숨은 한숨으로 그치지 않고 기침으로 이어졌다. 그녀는 몸을 돌려 미간을 찡그리고는 두 손으로 가슴을 감싸 안았다. 기침이 멎자 그녀는 다시 눈을 감고 미동도 하지 않은 채 앉아 있었다. 두 대의 마차는 시골에 도착했다. 마뜨료샤는 스카프 밑에서 손을 올려 성호를 그었다.

"뭐야?"

여주인이 물었다.

"역이에요, 마님."

"아니, 네가 지금 성호를 그었잖아. 왜 그런 거야?"

"교회가 있잖아요, 마님."

병자는 창문 쪽으로 몸을 돌려 마차가 옆을 스쳐 지나가고 있는 큰 시골 교회를 커다란 눈으로 바라보며 천천히 성호를 긋기 시작했다.

두 대의 마차는 역에 멈춰 섰다. 앞 마차에서 병자의 남편과 의사가 내려 병자가 탄 마차 쪽으로 다가왔다.

"좀 어떠십니까?"

맥을 짚으며 의사가 말했다.

"그래, 여보, 피곤하지는 않소? 마차에서 내리고 싶진 않소?"

남편이 프랑스어로 물었다.

마뜨료샤는 대화를 방해하고 싶지 않아 보따리를 치우고 한 쪽 구석으로 가서 앉았다.

"아니요, 안이나 밖이나 똑같은 걸요. 나가지 않을래요."

병자가 대답했다.

남편은 마차 곁에 조금 서 있다가 역사(驛舍) 안으로 들어갔다. 마뜨료샤도 마차에서 깡충 뛰어나와 까치발을 하고 진흙 길을 따라 정문으로 갔다.

"제가 아프다고 해서 선생님마저 아침식사를 안 하신다는 건 말도 안 되요."

병자가 부드러운 미소를 띠며 마차 창가에 서 있는 의사에게 말했다.

그러나 의사가 조용히 자리를 떠 서둘러 역사 계단으로 향하자 그녀는 혼잣말로 중얼거렸다.

"아무도 나에게 관심이 없어. 어찌 되든지 자기들과는 상관없으니 저 인간들은 좋겠군. 오, 하느님!"

한편, 역사 안에서 기분 좋은 미소를 띠며 손을 닦고 있던 남편이 의사에게 물었다.

"어떻게 됐소, 에두아르드 이바노비치? 참, 내가 먹을게 들어있는 가방을 가져오라고 시켰지. 당신 생각은 어떻소?"

"좋아요."

의사가 답했다.

"그래, 우리 아내는 좀 어떻죠?"

목소리는 낮추고 눈썹은 치켜 올린 채 한숨을 내쉬며 남편이 물었다.

"내가 말하지 않았습니까. 부인은 이탈리아는커녕 모스크바까지도 못 간다고. 특히 이런 날씨엔 더더욱 그렇습니다."

"그럼 이제 어쩌죠? 오, 하느님! 하느님!"

남편은 손으로 눈을 가렸다.

"이리 가져오게."

남편은 먹을 것이 들어있는 가방을 들고 온 사람에게 말했다.

"그냥 남아 있어야 했어요."

의사가 어깨를 으쓱하며 대답했다.

"그럼 이제 내가 어떻게 했어야 했는지 말해 주시오."

남편이 물었다.

“난 지금까지 그녀를 말려 보려고 온갖 수단을 다 동원했소. 재산, 우리가 남겨 두고 떠나야 하는 아이들, 그리고 내 일까지. 하지만 그녀는 내 말을 통 들으려 하지 않았소. 그녀는 마치 자신이 건강한 사람인 것처럼 해외에서 살 궁리만 하고 있어요. 그런데 이런 상황에서 그녀의 상태에 대해서 말해 주는 건, 그건 그야말로 그녀를 죽이는 거나 마찬가지요.”

“그래요, 바실리 드미뜨리치. 그녀는 이미 죽은 거예요. 그걸 아셔야 합니다. 사람은 폐가 없으면 살 수 없고, 폐는 다시 자라나지도 않습니다. 정말 슬프고 힘드시겠지만, 뭘 어쩌겠습니까? 선생님과 제가 할 수 있는 일이라고는 부인께 마지막 가는 길을 최대한 편안하게 해 주는 것뿐입니다. 바로 이런 때 고해신부가 필요한 거예요.”

“아, 이런, 세상에! 당신은 나를 이해하는군요. 마지막으로 원하는 것이라는 걸 잘 알고 계시는 군요. 될 대로 되라고 하세요, 될 대로. 그렇지만 저는 절대로 아내에게 사실대로 말하지 않을 겁니다. 당신도 느꼈겠지만 정말 착한 여자거든요…….”

“어쨌든 겨울까지는 여기에 머물자고 부인을 설득해 보세요. 아니야, 그 때쯤이면 길이 더 나빠질지도 몰라요…….”

의사는 단호하게 머리를 가로 저으며 말했다.

“악슈샤! 악슈샤!”

이 때 역참지기의 딸이 짧은 털 조끼를 머리 위로 덮어쓰며 더러운 뒷문에 서서 외쳤다. “쉬르끼노에서 온 마님을 보러 가자. 폐병에 걸려서 다른 나라로 간대. 난 폐병 걸린 사람을 한번도 본 적이 없거든.”

악슈샤가 문지방을 뛰어 넘어 나오자 둘은 손을 잡고 정문 쪽으로 뛰어갔다. 그들은 발걸음을 죽이고 마차 곁으로 다가가서는 창이 내려진 창문을 빼꼼이 들여다 보았다. 이때 병자가 아이들을 향해 고개를 돌렸다. 그러나 아이들의 호기심에 찬 눈빛을 보고는 인상을 찌푸리고 다시 등을 돌려 버렸다.

“엄마야!”

역참지기의 딸이 재빨리 고개를 돌리며 말했다.

"정말 신비스럽고 아름다운 마님이었는데 어떻게 이렇게 될 수 있지? 무서워. 봤니, 봤어? 악슈샤?"

"그래, 정말 너무 말랐어!"

악슈샤가 맞장구 쳤다.

"우물에 가는 척하고 다시 가서 더 자세히 들여다 보자. 봤니? 몸을 돌렸어. 난 또 봤어. 이런, 마샤, 딱하기도 하지."

"정말 흉측해!"

마샤가 이렇게 대답했고, 두 사람은 다시 정문 쪽으로 뛰어갔다.

'내 꼴이 정말 말이 아니구나.'

병자는 생각했다.

'어서 빨리 해외로 나가자, 어서. 거기서는 금방 나을 수 있을 거야.'

"몸은 좀 어떻소? 여보."

아직도 뭔가를 씹으면서 마차로 다가온 남편이 물었다.

'모두 똑같은 질문만 해대는군. 게다가 자기는 뭘 먹으면서 말이야!'

병자는 생각했다.

"괜찮아요."

그녀는 말을 흐렸다.

"아는지 모르겠지만, 여보. 난 당신이 이 험한 날씨에 계속 길을 가다 몸이 더 안 좋아지면 어쩌나 걱정이라오. 에두아르드 이바노비치도 그렇게 말했다오. 우리 이만 돌아가는 게 어떻겠소?"

그녀는 화가 나서 입을 꾹 다물고 있었다.

"날씨가 좋아지면 아마 길도 나아질 거요. 당신도 좀 나아질 거고. 그 때 다 함께 가는 걸로 하지요."

"미안하지만, 여보. 제가 당신 말만 안 들었어도 지금쯤은 벌써 베를린에 있었을 거고 이미 다 나았을 거예요."

"이런, 나의 천사. 그건 어쩔 수 없는 일이었다는 걸 당신도 잘 알지 않소. 그렇지만 지금이라도 여기서 한 달만 머물면 몸이 좀 나아질 거야. 그럼 나는 내 일을 마칠 수도 있고 애들도 데려올 수 있소."

"애들은 건강하잖아요. 하지만 난 아니에요."

"하지만 좀 생각해 보라고, 여보. 이런 날씨에 뭘 어쩌겠다는 거요. 그리고 길이 더 나빠지기라도 한다면……. 그럴 바에 차라리 집에 있는 게 낫지."

"뭐라고요? 집이라고요? ……집에서 죽으란 소린가요?"

병자가 신경질적으로 대답했다. '죽음'이란 단어가 그녀를 당황스럽게 한 것 같았다. 그녀는 간절하면서도 무언가 물어보는 듯 남편을 바라보았다. 그러나 남편은 고개를 숙이고 아무 말도 하지 않았다. 갑자기 병자의 입이 어린애처럼 일그러졌고, 눈에서는 눈물이 주르륵 흘러 내렸다. 남편은 손수건으로 얼굴을 가리고 아무 말도 하지 않은 채 마차 곁에서 떠났다.

"아니요, 전 갈 거예요."

그녀는 이렇게 말하고는 두 눈을 위로 향해 하늘을 바라보며 양 손을 모은 채 알 수 없는 말을 중얼거렸다.

"오, 하느님! 이게 도대체 다 뭐란 말입니까?"

이렇게 말하는 그녀의 눈에서는 눈물이 더욱 심하게 흘러내렸다. 그녀는 오랫동안 열렬히 기도했다. 하지만 가슴은 여전히 답답하고 고통스러웠다. 하늘과 들판, 길도 여전히 온통 잿빛으로 잔뜩 찌푸리고 있었다. 가을 안개는 짙어지지도, 옅어지지도 않은 채 길가의 먼지, 지붕, 마차 위로, 그리고 너무나도 즐거운 목소리로 이야기를 나누며 마차에 말을 매고 있는 마부들의 가죽 코트 위로 내려 앉았다…….

II

마차는 채비를 갖추었으나 마부는 여전히 꾸물거리고 있었다. 그는 역참의 오두막으로 들어갔다. 오두막 안은 덥고 답답하고 어둡고 갑갑했다. 집안 냄새, 빵 굽는 냄새, 양배추 냄새, 양 가죽 냄새가 진동했다. 오두막 안에는 마부 몇 명이 있었고, 식모는 뻬치까¹ 옆에서 일하고 있었다. 뻬치까 위에는 양 가죽 외투를 뒤집어 쓴 병자 한 명이 누워있었다.

"표도르 아저씨! 표도르 아저씨!"

가죽옷 차림에 채찍을 허리춤에 찔러 넣은 젊은 마부가 방으로 들어서며 병자를 향해 말했다.

"넌 뭐냐? 이 수다쟁이야. 표도르한테 무슨 볼 일이 있나?"

마부 중 한 명이 말했다.

"얼른 가 봐. 마차에서 널 기다리잖아."

"장화 좀 달라고 하게요. 제건 너무 낡았거든요."

그 젊은이는 머리를 뒤로 넘기고 벙어리 장갑을 허리에 차면서 말했다.

"그런데 주무시나요? 표도르 아저씨."

그는 뻬치까로 다가서며 다시 불렀다.

"뭐야?"

힘없는 목소리가 들리고 뻬치까 위에서 불그스름한 야윈 얼굴이 불쑥 나왔다. 큼직하고 비썩 마른 창백한 털북숭이 손이 지저분한 셔츠를 걸친 앙상한 어깨 위로 외투를 끌어 당겼다.

"이봐, 마실 것 좀 주게나, 그런데 무슨 일이야?"

젊은이는 물이 든 국자를 건넸다.

"저기, 표도르 아저씨."

그는 망설이며 말했다.

"저, 지금 아저씨한텐 새 장화가 필요 없잖아요. 그러니까 그거 저 주세요. 뭐, 아저씬 걸어 다닐 일은 없을 것 아니에요?”

병자는 반질반질 윤기가 나는 국자를 향해 지끈거리는 머리를 숙이고 축 처진 콧수염을 탁한 물에 적시면서 힘 없이 물을 마셨다. 그의 뒤엉킨 턱수염은 지저분했고, 움푹 꺼진 흐릿한 눈동자는 힘겹게 젊은이의 얼굴을 향하고 있었다. 그는 물을 다 마시고 젖은 입술을 닦으려고 손을 들어올리려 했으나, 손을 다 들지도 못하고 외투 소매로 입을 닦았다. 말없이 거칠게 코로 숨을 내쉬면서 그는 온 힘을 다해 젊은이의 눈을 똑바로 쳐다보았다.

“어쩌면 이미 다른 사람한테 주기로 약속을 했을지도 모르겠군요.”

젊은이가 말했다.

“그렇다면 할 수 없죠. 문제는 길이 온통 젖어 있고 나는 일하러 가야 한다는 거예요. 그래서 ‘표도르 아저씨께 부탁 해보자, 아마 아저씨한테는 필요 없을 거다’ 하고 혼자 생각해본 거예요. 하지만 필요한 거라면 말하세요…….”

순간 병자의 가슴속에서 무언가가 울컥하더니 치밀어 올라오기 시작했다. 그는 몸을 굽히고는 좀처럼 터져 나오지 않는 기침 때문에 힘들게 숨을 몰아 쉬며 괴로워했다.

“필요하긴 뭐가 필요해.”

갑자기 온 오두막이 쩌렁쩌렁 하게 울릴 정도의 성난 목소리로 식모가 외쳤다.

“벌써 두 달째 뻬치까에서 내려오지 못하고 있잖아. 봤지? 몸이 완전히 망가졌어. 지금 기침 소리 들었지? 몸 속까지 골병이 들어버렸는걸! 장화는 무슨 장화야? 땅에 묻힐 때 새 장화를 신고 묻힐 것도 아닌데. 벌써 때가 왔다고. 오, 하느님! 용서 하십시오. 이것 봐. 정말 완전히 망가져 버렸어. 다른 오두막이든 어디로든지 옮기라고! 그런 병원이 시내에 있다고 그러던데. 이렇게 온통 자리를 차지하고 누워있다니, 작작 좀 하세요. 아저씨가 있을 곳은 아무데도 없어요. 깨끗한 자리는 바라지도 말라고.”

“이런, 세료가! 어서 가봐, 모두들 기다리고 있잖아.”

역참지기가 문에서 소리쳤다.

세료가는 대답을 듣지 않고 그냥 나가버리려고 했으나, 병자의 눈이 기침을 하는 와중에도 대답을 듣고 가라는 눈짓을 보냈다.

"세료가, 장화 가져가라."

그가 기침을 잠시 잠재우고 숨을 고르며 말했다.

"그렇지만 잘 들어, 내가 죽거든 비석 하나만 사다 세워주렴."

그는 쉰 목소리로 덧붙였다.

"고마워요, 아저씨, 그럼 장화는 내가 가져가요. 하느님께 맹세하건대, 비석은 꼭 세워드릴게요."

"그래, 이봐, 모두들 들었지?"

병자는 다시 한번 이렇게 말하고는 다시 몸을 구부리더니 목이 막혀 괴로워했다.

"그래, 들었어."

마부 한 사람이 대답했다.

"어서 가봐, 세료가. 역참지기가 또 급하게 달려가고 있잖아. 쉬르끼노에서 온 마님은 병자잖니."

세료가는 낡아서 구멍이 나고 헐렁해진 장화를 벗어 의자 밑으로 집어 던졌다. 표도르 아저씨의 새 장화는 세료가의 두 발에 딱 알맞았다. 세료가는 새 장화를 살펴보면서 마차에 올라탔다.

"이야, 장화 근사한데. 내가 좀 닦아주마."

세료가가 마부 자리로 슬금슬금 올라와 고삐를 잡자, 옆에 있던 마부가 솔을 집어 들고 말했다.

"공짜로 받았냐?"

"왜? 부러워요?"

발 밑의 외투를 들어 몸을 감싸면서 세료가가 대답했다.

"가자! 이랴, 이것들아!"

세료가는 말 위에서 채찍을 들고 소리 질렀다. 승객, 가방, 짐을 실은 마차 두 대가 잿빛 가을 안개 속으로 사라지면서 빠르게 젖은 길을 달려나갔다.

병을 앓는 마부는 갑갑한 오두막의 뻬치까 위에 남았다. 시원하게 기침을 다 토해내지도 못하고 간신히 다른 쪽으로 몸을 돌려 기척도 없이 누워 있었다.

오두막 안에서는 저녁까지 사람들이 들락날락하고 식사를 했지만 아무도 병자가 내는 소리를 듣지 못했다. 밤이 되기 전에 식모가 뻬치까로 기어올라가서 그의 다리까지 가죽 외투를 덮어주었다.

"나한테 너무 화 내지마, 나스따샤, 곧 자리를 비워줄게."

병자가 말했다.

"알았어요, 알았어, 그건 됐고, 어디가 아픈지 말해봐요, 아저씨."

나스따샤가 중얼거렸다.

"몸 속이 엉망진창이야. 왜 그런지는 하느님만이 알겠지."

"기침할 때 목도 아프지 않나요?"

"온 데가 다 아파. 죽음이 다가오고 있어, 보라고, 아, 아, 아!"

그가 신음하였다.

"다리를 좀 이렇게 감싸봐요."

나스따샤는 두꺼운 외투를 끌어당겨 그를 덮어주며 이렇게 말하고 뻬치까 위에서 내려왔다.

작은 등불 하나만이 오두막의 밤을 희미하게 밝히고 있었다. 나스따샤와 코를 심하게 고는 열 명의 마부들이 바닥이나 의자에 누워 자고 있었다. 병자 혼자만 약하게 신음하면서 기침하고 뻬치까 위에서 몸을 뒤척였다. 새벽녘에서야 비로소 완전히 조용해졌다.

"꿈에서 굉장히 신기한 걸 봤어요."

다음 날 새벽 어스름 속에서 식모가 기지개를 켜면서 말했다.

"표도르 아저씨가 뻬치까에서 내려와 장작을 패러 가는 거예요. '나스쨔[2], 도와줄게.'

라고 해서 내가 '아저씨가 어떻게 장작을 팬단 말이에요?' 라고 물었죠. 그랬더니 바로 도끼를 쥐고는 장작을 패기 시작하는 거예요. 그것도 엄청 세게 패는 바람에 장작이 막 날아 다녔어요. 그래서 내가 '아저씨는 아프잖아요.' 라고 했더니, '안 아파, 난 건강해.' 이러고는 도끼를 마구 휘둘렀어요. 난 무서워지기 시작했죠. 그래서 막 소리지르다가 깨어난 거예요. 혹시 벌써 죽은 거 아냐? ……표도르 아저씨! 표도르 아저씨!"

표도르는 대답이 없었다.

"앗! 정말 죽었나? 어디 한번 살펴보자."

잠에서 깨어난 마부 한 명이 말했다.

뻬치까에 걸쳐 있는 불그스레한 털북숭이의 야윈 팔은 이미 차갑고 창백했다.

"죽은 것 같다고 역참지기에게 알려."

그 마부가 말했다.

표도르에게는 친척이 없었다. 그는 외지에서 온 사람이었다. 이튿날 사람들은 그를 숲 뒤 새 묘지에 묻었다. 나스따샤는 며칠 동안 자신의 꾼 꿈에 대해서, 그리고 자신이 표도르 아저씨의 죽음을 처음으로 알아 챈 것에 대해서 떠들고 다녔다.

III

봄이 왔다. 도시의 질척거리는 거리에는 말똥투성이 얼음들 사이로 녹은 눈이 개울이 되어 졸졸 흐르고 있었다. 거리를 오가는 사람들의 옷차림과 목소리는 밝고 생기가 넘쳤다. 담장 너머 정원에는 나무 마다 새싹이 봉긋이 부풀어 오르고, 나뭇가지들이 신선한 봄바람에 살랑살랑 흔들거렸다. 가는 곳 마다 맑은 물방울들이 방울져 똑똑 떨어져 내렸다……. 참새들은 조그만 날개로 날갯짓을 하며 제각기 쨱쨱거렸다. 햇빛이 닿는 곳이면 담장이건 집이건 나무건 모든 것이 활기차게 움직였고 밝게 빛났다. 하늘도 땅도 그리고 사람들의 마음도 기쁨과 젊음으로 가득 찼다.

귀족의 대 저택 앞 큰 거리에 깨끗한 새 짚이 깔려 있었다. 그리고 저택 안에서는 외국행을 서둘던 그 병든 여인이 죽어가고 있었다.

굳게 닫힌 문 뒤에 병자의 남편과 중년 부인이 서 있었다. 소파에는 사제가 눈을 내리깔고 영대(領帶)[3]로 무언가를 감싸 쥔 채 앉아있었다. 방 구석에 놓인 안락의자에는 병자의 어머니인 노부인이 앉아 슬프고 서럽게 울고 있었다. 옆에는 하녀가 깨끗한 손수건을 들고 서서 노부인이 손수건을 찾을 까봐 기다리고 있었다. 또 다른 하녀는 노부인의 관자놀이에 뭔가를 문질러 바르고는 두건 아래로 삐져 나온 희끗희끗한 머리털을 호호 불고 있었다.

"자, 하느님께서 당신과 함께하시길."

병자의 남편은 문 옆에 자신과 나란히 서 있던 중년 부인에게 말했다.

"아내는 당신을 믿고 있어요. 당신은 내 아내와 말이 통하는 사람이니까 그 사람을 잘 설득해 주세요. 자, 들어가 보세요."

그는 이렇게 말하며 중년 부인에게 문을 열어주려고 했다. 그러나 병자의 사촌 언니인 그 중년 부인은 그를 말리더니 몇 차례 손수건으로 눈물을 훔쳐낸 후 머리를 가로 저었다.

"자, 이제 운 것 같지 않죠?"

그녀는 이렇게 말하고선 직접 문을 열고 안으로 들어갔다.

남편은 극도로 흥분해서 어찌할 바를 모르는 것 같았다. 그는 장모에게로 걸음을 옮겼다. 그러나 몇 걸음 가지 않아 발길을 돌리더니 방을 가로질러 사제에게 다가갔다. 사제는 그를 바라보고는 눈썹을 치켜 올린 뒤 한숨을 내쉬었다. 숱이 많고 희끗희끗한 턱수염도 같이 오르락내리락 했다.

"오, 하느님! 오, 하느님!"

남편이 말했다.

"더 이상 무엇을 할 수 있겠습니까?"

---

3 성사를 집행할 때 사제가 목에 걸쳐 양쪽으로 무릎까지 늘어뜨리는 헝겊 띠.

신부는 깊은 한숨을 쉬며 말했다. 그의 눈썹과 수염이 다시 한번 위로 치켜 올라갔다가 내려갔다.

"장모님이 여기 와 계신다구요!"

거의 절망에 빠져 남편이 말했다.

"장모님은 이 상황을 견디지 못하실 겁니다. 장모님께선 아내를 그렇게 애지중지하셨는데, 이제 장모님을 어떻게 해야 할지……. 저는 잘 모르겠습니다. 신부님, 장모님을 진정시켜주시고 나가계시라고 말씀해주세요."

신부는 자리에서 일어나 노부인에게로 갔다.

"어머니의 마음을 그 누가 헤아릴 수 있겠습니까?"

그가 말했다.

“그러나 하느님께선 자비로우십니다.”

늙은 여인의 얼굴이 갑자기 일그러지더니 격하게 흐느끼기 시작했다.

“하느님께선 자비로우십니다.”

늙은 여인이 다소 안정을 되찾자 신부가 계속해서 말했다.

“한 가지 말씀 드리고 싶은 것이 있습니다. 제 교구에 마리야 드미뜨리예브나 보다 상태가 훨씬 나쁜 병자가 있었습니다. 그런데 그 평민은 어떤 약초 덕분에 빠르게 병세를 회복했습니다. 그 사람은 지금 모스크바에서 살고 있어요. 바실리 드미뜨리예비치께는 이미 말씀 드렸습니다. 한번 시험해 보시지요. 적어도 병자에게는 위안이 될 것입니다. 하느님께선 전능하십니다.”

“아닙니다. 제 딸은 더 이상 살 수 없어요.”

노부인이 말했다.

“하느님께서 저보다 딸을 먼저 데려가시네요.”

노부인은 더욱 격하게 흐느끼더니 결국 의식을 잃고 말았다.

병자의 남편은 손으로 얼굴을 감싸고는 방에서 뛰어나왔다.

복도에서 그가 처음 마주친 사람은 여동생을 잡기 위해 힘껏 달리고 있는 여섯 살 난 아들이었다.

“애들을 엄마에게 데려가는 것이 좋지 않을까요?”

유모가 물었다.

“아니야, 그녀는 아이들을 보고 싶어 하지 않을 거야. 아이들을 보고 나면 더 심란해 질 뿐이야.”

남자 아이는 잠시 동안 멈춰 서서 아빠의 얼굴을 뚫어지게 응시했다. 그리고 갑자기 한쪽 발을 구르더니 즐겁게 소리 지르며 뛰기 시작했다.

“아빠, 얘 꼭 검정말 같아!”

자기 여동생을 가리키면서 사내아이가 소리쳤다.

그 사이 다른 방에서는 사촌 언니가 병자 옆에 앉아 미리 생각해온 말로 병자로

하여금 죽음을 맞이 할 수 있게 준비시키려고 애쓰고 있었다. 의사는 다른 쪽 창가 옆에서 물약을 섞고 있었다.

베개에 둘러싸인 채 흰색 잠옷을 입은 병자는 침상에 앉아 아무 말도 없이 사촌 언니를 쳐다보고 있었다.

"언니!"

갑자기 병자가 사촌 언니의 말을 가로채더니 말을 이었다.

"나에게 죽음을 준비시키려고 하지마. 날 어린애 취급하지 말란 말이야. 나는 그리스도인이야. 다 알고 있다고. 내가 얼마 못 산다는 것도 알고 있고. 만약 내 남편이 진작에 내 뜻대로 나를 이탈리아에 보내주었더라면, 아마도, 아니 분명히 건강해졌을 거야. 이 얘기는 이미 남편에게 다 했어. 하지만 어쩌겠어. 다 하느님의 뜻이지. 난 죄인이야. 이건 내가 잘 알고 있지. 하지만 하느님께서는 자비로우시니 나의 죄를 모두 용서해주실 거야, 아니, 꼭 용서해 주셔야만 해. 나는 내 스스로를 이해하려고 노력하고 있어. 나에게는 죄가 너무 많아. 하지만 내 죄가 많은 만큼 이미 많은 고통을 겪었지. 그리고 그 고통을 인내하려고 노력했고……."

"신부님을 불러줄까? 고해성사를 하고 나면 마음이 한결 가벼워질 거야."

사촌 언니가 말했다.

병자는 동의의 표시로 머리를 끄덕이며 조용히 이렇게 중얼거렸다.

"하느님. 저의 죄를 용서해 주세요."

사촌 언니는 방을 나와 신부에게 눈짓을 했다.

"이 애는 천사에요."

그녀는 눈물을 가득 머금고 서 있는 남편에게 말했다.

남편은 눈물을 흘렸고, 신부는 방으로 들어갔다. 장모는 아직도 정신을 잃고 있었다. 이렇게 첫 번째 방은 완전히 적막에 휩싸여 있었다. 5분이 지난 후, 신부는 방에서 나와 영대를 벗고 머리를 정돈했다.

"오, 다행입니다. 그녀는 지금 평안합니다."

그가 말했다.

"여러분들을 보고 싶어 합니다."

사촌 언니와 남편이 방으로 들어갔다. 병자는 그들의 모습을 보고 조용히 눈물을 흘렸다.

"잘 됐어, 축하해, 여보."

남편이 말했다.

"고마워요. 기분이 좋아졌어요. 전 지금 말할 수 없을 만큼 기쁘답니다."

이렇게 말하는 병자의 얇은 입술에 희미한 미소가 번졌다.

"하느님께선 얼마나 자비로우신지요. 하느님께선 정말 자비로우시고 전지전능하시지 않나요?"

그녀는 다시 한번 간절히 기도하면서 눈에 눈물이 고인 채 성상(聖像)을 쳐다보았다.

이 때 그녀는 갑자기 무언가를 떠올리고는 남편에게 가까이 오라고 손짓을 했다.

"당신은 단 한번도 내 말을 들어 준 적이 없어요."

그녀는 약하지만 불만이 가득 찬 목소리로 말했다.

남편은 목을 쭉 빼고 그녀의 말을 고분고분 듣고 있었다.

"뭐라고, 여보?"

"이 의사는 아무 것도 모른다고 제가 몇 번을 말했어요! 나를 치료해 줄 약이 있다고요……. 신부님께서 얘기해 주셨어요……. 그 평민이……. 얼른 가 보세요."

"누구를 따라 가라는 거요?"

"오, 하느님! 당신은 나를 전혀 이해하려 들지 않는군요."

병사는 눈을 찌푸리며 눈을 감았다.

의사는 그녀에게 다가가 그녀의 맥을 짚었다. 맥박이 확실히 더욱더 약해졌다. 의사는 남편에게 눈짓을 보냈다. 병자는 그 모습을 눈치채고는 놀라 쳐다보았다. 사촌 언니는 고개를 돌리고 울기 시작했다.

"울지마. 언니 자신을, 그리고 나를 힘들게 하지마."

병자는 말했다.

"언니가 우는 바람에 내 마지막 평안함을 다 망치고 있잖아."

"너는 천사야!"

사촌 언니는 병자의 손에 입을 맞추며 말했다.

"여기다 입을 맞춰 줘. 손에 입을 맞추는 건 죽은 사람에게나 하는 짓이야. 이런, 하느님! 오, 하느님!"

그날 밤 병자는 싸늘한 시신이 되었고, 그녀의 시신이 담긴 관은 큰 저택의 홀에 놓여있었다. 굳게 닫힌 큰 방안에 한 명의 사제가 앉아 운율에 맞춰가며 콧소리로 다윗의 시를 읽고 있었다. 긴 은 촛대에서부터 나오는 양초의 밝은 불빛이 고인의 창백한 이마와 밀랍 같은 무거운 두 손, 무릎과 발가락 부분에 섬뜩하게 솟아나 있는 덮개의 굳어버린 주름을 비추고 있었다. 사제는 자기 자신도 무슨 말인지 모르면서 운율에 맞춰 시를 읽고 있었다. 그의 목소리는 고요한 방안에서 이상하리만큼 울려 퍼지더니 갑자기 조용해졌다. 다른 방에서는 간간히 아이들의 목소리와 발소리가 들려왔다.

시편 읽는 소리가 울려 퍼졌다.

"주께서 낯을 숨기신즉 그들이 떨고 주께서 그들의 호흡을 거두신즉 그들은 죽어 먼지로 돌아가나이다. 주의 영을 보내어 그들을 창조하사 지면을 새롭게 하시나이다. 여호와의 영광이 영원히 계속될지어다."[4]

고인의 얼굴은 굳어있었으나, 평안해 보였고 위엄이 있어 보였다. 깨끗하고 차가운 이마도 굳게 다문 입가에도 움직임을 찾아 볼 수 없었다. 그녀의 몸 전체가 주변의 모든 관심을 받고 있었다. 그렇지만 그녀는 지금 이 순간 이 위대한 시를 이해하고 있을까?

---

4 성서 시편 104편 29~31절.

IV

한 달이 지난 후, 죽은 부인의 묘지 앞에 작은 석조 예배당이 세워졌다. 하지만 죽은 마부의 묘지 앞에는 여전히 비석이 세워지지 않았다. 다만 유일하게 과거 한 인간의 존재에 대해 말해주는 연두 빛 풀들 만이 무덤 위에 무성하게 자라 있었다.

"천벌을 받을 거야, 세료가."

한번은 역의 식모가 말했다.

"표도르 아저씨를 위해서 비석을 세워주지 않는다면 말이다. 겨울에 하겠다고 말했었지만 지금까지도 약속을 지키지 않고 있잖아. 내가 보는 앞에서 약속했던 것 기억나지? 아저씨가 비석을 세워달라고 꿈에 너를 찾아왔었다며. 그런데도 네가 비석을 세워주지 않는다면 또 꿈에 나타나서 네 목을 조를 거야.”

“무슨 소리예요. 내가 약속을 어기기라도 한단 말이에요?”

세료가가 대답했다.

“비석을 살 거예요. 약속대로 살 거라고요. 1루블 50꼬뻬이까 짜리 말이에요. 잊지 않았다고요. 하지만 비석을 사면 싣고 와야 하잖아요. 도시에 갈 일이 생기면 그 때 살 거예요.”

“그럼 십자가라도 세우는 게 어떤가?”

늙은 마부가 말했다.

“그러는 게 아니란다. 너 그 사람 장화는 잘 신고 다니잖니.”

“어디에서 십자가 같은 걸 구한단 말이에요? 장작개비로 만들 수 있는 것도 아니잖아요.”

“무슨 소리야? 장작개비로 만들 수 없다면 아침 일찍 도끼를 들고 숲으로 가서 만들어 오면 될 것 아니냐? 물푸레나무든 뭐든 베어오면 되잖아. 아주 근사하게 만들 수 있어. 아니면 산지기에게 보드까를 주면서 부탁해 보던지. 어떤 일이든 보드까로 해결 안 되는 것이 없지. 나도 얼마 전에 굴대가 부러지지 않았겠나. 그래서 새로 만들려고 나무를 베 왔는데 아무 소리들 안 하더군.”

아침 일찍 동이 틀 무렵 세료가는 도끼를 들고 숲으로 갔다.

햇빛을 받지 않은 채 내리고 있는 불투명하고 차가운 이슬이 숲의 모든 만물을 덮고 있었다. 이미 동쪽에서 해가 밝아 오고 있었고 하늘을 얇게 덥고 있는 안개에 희미한 빛이 비추고 있었다. 발 밑의 풀도 높이 매달린 나뭇가지의 잎사귀도 흔들리지 않았다. 그저 어쩌다가 들리는 숲 속 새들의 날갯짓 소리나 땅에서 나는 바스락 소리가 숲의 정적을 깰 뿐이었다. 갑자기 자연에서 들을 수 없는 이상하고 낯선 소리가 울려 퍼지더니 숲 가장자리에서 사라져버렸다. 그러다 다시 한번 그 소리가 들리고, 이어서 미동도 없는 나무 밑동에서 반복하여 들려왔다. 나무 꼭대기에 있는 가지 하나가 크게 흔들렸고, 촉촉히 젖은 잎이 무언가를 속삭이고 있었다. 나뭇가지에 앉아 있는 꾀꼬리한 마리가 쨱쨱 소리를 내며 두 번 자리를 옮겨가서는 꼬리를 살짝 닿으면서 다른 나무 위에 앉았다.

　아래 쪽에서는 도끼 소리가 점점 둔탁해져 갔고, 물기를 머금은 하얀 톱밥이 이슬에 젖은 풀 위로 날아갔다. 도끼로 나무를 찍을 때마다 가볍게 울리는 소리가 들려왔다. 나무는 온몸을 떨며 몸을 굽히더니, 뿌리까지 흔들리자 놀라서 얼른 도로 반듯이 섰다. 한 순간 모든 것이 잠잠해 졌다. 그러나 다시 나무가 구부러지고, 다시 나무줄기에서 탕탕하는 소리가 들렸다. 잔가지가 꺾이고 큰 가지는 아래로 내려갔다. 꼭대기가 바닥에 닿으면서 나무는 축축한 땅 위에 쓰러졌다. 도끼 소리와 발소리는 잠잠해졌다. 꾀꼬리는 꾀꼴꾀꼴 울더니 위로 높이 날아올랐다. 새의 날개에 닿았던 가지는 얼마간 흔들리더니 다른 가지들처럼 잎사귀와 함께 잠잠해졌다. 나무들은 넓어진 공간에서 흔들리지 않는 가지를 자랑스럽게 뽐내며 서 있었다.

　구름 속을 헤치며 태양의 첫 광선이 하늘에서 빛나고 있었고, 그 빛은 땅과 하늘을 달음질치며 지나갔다. 안개는 마치 파도처럼 계곡마다 가득 차오르기 시작했고, 이슬은 반짝이며 풀 위에서 노닐고 있었다. 투명한 흰 구름은 푸른 하늘 위를 빠르게 지나갔다. 새들은 행복한 노래를 부르며 정처 없이 숲 속을 날아다녔다. 촉촉히 젖은 나뭇잎은 매우 기쁜 듯 나무 위에서 조용히 속삭이고 있었다. 살아있는 나무의 가지들은 죽어서 쓰러져 있는 나무 위에서 천천히 그리고 당당하게 흔들리고 있었다.

06

상자 속의 사나이

체홉 | Chekhov

귀가가 늦어진 사냥꾼들이 미로노시츠끄 마을 끝에 있는 쁘로꼬피 이장(里長)네 헛간에서 하루를 묵게 되었다. 사냥꾼들이라고 해봐야 수의사인 이반 이바니치와 중학교 교사인 부르낀 두 명뿐이었다. 이반 이바니치는 침샤-기말라이스끄라는 이상한 이중 성(姓)을 가지고 있었지만, 이 성이 그에게 전혀 어울리지 않아서 마을 사람들은 모두 그를 이름과 부칭[1]으로만 불렀다. 마을 변두리의 마장(馬場)에 살고 있는 이반 이바니치는 맑은 공기를 마시려고 사냥을 나왔던 참이다. 중학교 교사인 부르낀은 여름철마다 P백작 집에 머무르기 때문에 이 마을에서는 한 동네 사람이나 다름없었다.

두 사냥꾼은 아직 깨어 있었다. 긴 콧수염에 키가 크고 깡마른 노인 이반 이바니치는 헛간 문 앞에 앉아 파이프 담배를 피우고 있었다. 달빛이 그를 비추었다. 부르낀은 헛간 안의 건초더미에 누워있었지만 어두워서 잘 보이지 않았다.

---

1 이름과 성 사이에 아버지의 이름을 따 붙이는 명칭. '이반 이바니치'의 '이바니치'가 부칭이다.

두 사람은 이런 저런 이야기를 주고 받았다. 그러다가 이장의 아내인 마브라가 화두에 올랐다. 그녀는 건강하고 그다지 멍청하지도 않았지만, 평생 동안 태어난 마을에서 멀리 떠나본 적이 없는 사람이었다. 다른 도시나 철도를 본적도 없으며, 최근 10년 동안 내내 벽난로 옆에만 앉아있었고, 밤마다 거리를 산책하는 게 고작이라는 것이다.

"그다지 놀랄 일도 아니네요!"

부르낀이 말했다.

"세상에는 소라게나 달팽이처럼 그저 자기 껍질 속으로만 들어가려는 천성을 지닌 고독한 사람들이 적지 않죠. 어쩌면 그건 인류의 조상이 아직 사회적인 동물이 되지 못하고 각자 자기 동굴 속에 틀어박혀 홀로 지내던 시대로 되돌아가려는 일종의 격세유전 현상 인지도 모르겠습니다. 아니면 인간의 다양한 특성 중 하나일 뿐일지도 모르고요. 그걸 누가 알겠습니까? 전 자연과학자가 아니라 그런 문제에 대해선 잘 모릅니다만, 제가 말하고 싶은 것은 마브라 같은 사람이 그리 드물지는 않다는 것입니다. 그런 예를 멀리서 찾을 것도 없습니다. 두어 달 전에 우리 마을에서 벨리꼬프라고 하는 사람이 죽었어요. 그는 제 동료인 그리스어 교사였죠. 물론 당신도 그 사람에 관한 얘기를 들으셨을 겁니다. 그는 항상, 심지어 날씨가 좋은 날에도 솜을 넣은 방한외투 차림에 덧신을 신고 우산을 챙겨 든 채 외출하는 사람으로 유명했었죠. 우산도 주머니 속에 넣어 다녔고, 시계도 영양 가죽으로 만든 잿빛 주머니 속에 보관하였죠. 연필을 깎으려고 칼을 꺼내는데 보니, 글쎄 그 칼까지도 작은 주머니 속에 들어있지 뭡니까. 게다가 항상 외투 깃을 세우고 그 속에 얼굴을 파묻고 있었기 때문에 얼굴까지도 주머니 속에 들어있는 것처럼 보였습니다. 또 언제나 어두운 색안경을 끼고 스웨터를 입는데다가 귀를 솜으로 틀어막고 있었죠. 마차에 오를 때면 꼭 덮개를 올려서 가리게 했고요. 한마디로 이 사람은 자신을 방어막으로 감싸려는, 말하자면 외부의 영향으로부터 자신을 격리하여 보호해 줄 일종의 상자를 만들려는 강렬한 의지로 똘똘 뭉쳐 있었습니다. 현실은 그를 초조하고 불안하게 만들었고 끝없는 두려움 속으로 몰아넣은 것입니다. 그가 항상 과거를 찬양하고 존재하지 않는 무언가를 찬미했던 것도 아마 자신의 소심함과 현실에 대한 혐오감을 정당화하기 위해서였겠지요. 그가 가르쳤던 고대어도 그에게는 현실에서 도피할 수 있는 덧신이나 우산과 같은 것이었습니다.

'아, 그리스어는 얼마나 듣기 좋고 아름다운 언어란 말인가!'

벨리꼬프는 황홀한 표정으로 이렇게 말하더니, 그 말을 증명이라도 하려는 듯 눈을 가늘게 뜨고는 손가락 하나를 곧추 세우며 '안트로포스[2]!' 하고 발음해 보이더군요.

벨리꼬프는 심지어 자신의 생각까지도 상자 속에 감추려고 애썼습니다. 그에게 분명하고 확실한 것이라고는 무언가를 금지하는 공고(公告)나 신문의 사설뿐이었죠. 예를 들어, 공고에서 밤 아홉 시 이후에 학생들의 외출을 금하거나, 또는 어떤 사설에서 육체적인 사랑을 금하였다면, 이것이야말로 그에겐 분명하고 확실한 것이었어요. 금지만 하면 그걸로 다 되는 것입니다. 그에게 있어서 허가나 인가라는 말에는 의심스러운 요소나 뭔가 말 못할 불안한 요인이 항상 숨어 있었던 거죠. 연극단이나 문예클럽 또는 찻집이 시내에서 허가되었다고 하면, 그는 항상 고개를 가로 저으며 나지막하게 이렇게 말하곤 했습니다.

'그래, 생기면 물론 좋지. 하지만 나중에 아무 일도 없어야 할 텐데.'

모든 규칙 위반, 위배, 탈선은 그와 별 관련이 없을지라도 그를 우울하게 만들었습니다. 동료 중 누군가가 기도회에 늦었다거나, 중학생들이 뭔가 못된 장난을 쳤다는 소문이 들린다든가, 또는 학급 담임 여교사와 장교가 밤늦게 같이 있는 것을 본 사람이 있다고 하면 그는 매우 조마조마하며 '나중에 아무일 없어야 할 텐데.' 라는 말을 중얼거리곤 했답니다. 교원위원회에서도 남녀 학생들이 어리석은 짓을 한다든지 교실에서 너무 떠든다든지 하면, '당국의 귀에 들어가지 말아야 할 텐데, 아무 일도 없어야 할 텐데.' 라며 그 특유의 신중함과 의심, 그리고 마치 자신의 상자에 맞추려는 생각으로

---

2 그리스어로 '인간'이란 뜻.

우리들을 정말 불편하게 만들었습니다. 뿐만 아니라, 2학년 학생 뻬뜨로프와 4학년 학생 예고로프를 퇴학시켰으면 좋겠다고 하였습니다. 그러니 어떻게 됐겠습니까? 그 족제비 같은 작은 얼굴 아시죠? 그 창백한 얼굴에 짙은 색안경을 끼고 한숨과 푸념으로 우리 모두를 압박했습니다. 우리는 마지못해 뻬뜨로프와 예고로프의 품행점수를 깎아내렸고, 그 둘을 근신시켰다가 결국 모두 퇴학시키고 말았답니다. 이 밖에도 그에게는 동료들의 집을 집집마다 돌아다니는 기이한 습관이 있었습니다. 동료 교사의 집에 와서는 아무 말 없이 가만히 앉아 마치 무엇인가를 살펴보듯 하는 것입니다. 이런 식으로 한 시간 남짓 잠자코 앉아있다가 그냥 가버립니다. 그는 이런 행동이 '동료와 좋은 관계를 지속시켜준다'고 말합니다. 물론 우리들 집을 일일이 찾아와서 가만히 앉아있는 것이 그에게도 힘든 일이었을 겁니다. 그런데도 계속해서 우리를 방문하는 것은 그렇게 하는 것이 동료로서의 의무라고 생각했기 때문일 뿐입니다. 교사들 모두가 그를 두려워하고 있었습니다. 심지어 교장 선생까지도 그를 꺼릴 정도였으니까요. 아시다시피, 우리 교사들은 뚜르게네프와 쉐드린[3]의 작품으로 교육을 받은 생각이 깊고 훌륭한 사람들이었습니다. 그럼에도 불구하고, 항상 덧신을 신고 우산을 챙기는 이 사나이가 15년 동안 내내 중학교 전체를 자기 손아귀에 틀어쥐고 있었던 것입니다! 어디 중학교뿐이었겠습니까? 마을 전체를 쥐락펴락 했지요. 마을에 사는 부인들조차도 그가 알게 될 것이 두려워서 토요일마다 집에서 여는 연극도 마음 놓고 열지 못했습니다. 그리고 수도승들도 그 사람 앞에서는 육식을 피하고 카드놀이도 하지 않았습니다. 벨리꼬프 같은 사람의 영향으로 우리 마을 사람들은 최근 10년, 15년간 모든 일에 눈치를 보게 되었습니다. 큰소리로 말하는 것도, 편지를 쓰거나 친구와 사귀는 것도, 책을 읽는 것도, 심지어는 가난한 사람들을 돕고 글을 가르치는 것 까지도 말입니다……."

뭔가를 말하려던 이반 이바니치는 기침을 하더니, 먼저 파이프 담배를 피우기

---

3 M. E. Saltykov-Shchedrin (1826 ~ 1889), 러시아 풍자가.

시작했다. 그리고 나서 달을 쳐다보고는 띄엄띄엄 천천히 말을 하였다.

"그렇군요. 쉐드린, 뚜르게네프, 그리고 버클[4]의 글을 읽는 생각이 깊고 훌륭한 사람들 조차도 그에게 복종하고 눈치를 봤단 말이죠……. 그런 일도 있군요."

"벨리꼬프는 저와 같은 집에 살았습니다."

부르낀이 말을 이었다.

"게다가 같은 층의 건넛방에 살았기 때문에 우리는 자주 마주쳤고, 그래서 저는 그가 집에서 어떤 생활을 하는지 훤히 잘 알고 있었죠. 그는 집안에서도 마찬가지였습니다. 폭이 넓고 긴 실내복에 실내모를 뒤집어 쓰고 덧문에 빗장까지 걸었지요. 수많은 금지와 제한들이 가득했고, '아, 아무일 없어야 할 텐데!' 라는 말만 연발했습니다. 채식만하는 것은 건강에 나쁘지만 그렇다고 육식을 할 수는 없었죠. 왜냐하면 사람들이 벨리꼬프가 재계(齋戒)기간을 지키지 않는다고 말할 까봐 두려웠기 때문입니다. 그래서 그는 채식도 아니고 그렇다고 육식이라고 말할 수도 없는, 버터에 튀긴 농어를 먹고 지냈습니다. 그리고 그는 나쁜 소문이라도 나지 않을까 염려하여 하녀를 두지 않았고, 그 대신 예순 살 가량의 머리가 약간 모자란 술주정뱅이 노인 아파나시를 요리사로 두었습니다. 옛날에 당번병으로 군복무 했다던 이 노인은 아무렇게나 간신히 요리하는 정도였습니다. 아파나시는 팔짱을 끼고 늘 문 옆에 서서 땅이 꺼져라 한숨을 쉬면서 항상 같은 말을 중얼거렸습니다.

'요즘은 저런 사람들이 참 많단 말이야!'

벨리꼬프의 침실은 마치 상자처럼 조그마했고, 침대에는 휘장이 드리워져 있었습니다. 그는 잠자리에 들면 머리 끝까지 이불을 뒤집어 썼습니다. 그러니 후텁지근하고 답답했겠죠. 게다가 닫힌 문은 바람에 덜컹거렸고, 벽난로 속에서는 탁탁 소리가 났습니다. 부엌에서는 한숨 소리가 들려왔죠. 기분 나쁜 한숨 소리가 말입니다…….

---

4 H. T. Buckle (1821 ~ 1862), 영국의 역사학자.

그는 이불을 뒤집어 쓴 채 겁에 질려있었습니다. 무슨 일이 생기지 않을까, 아파나시가 자기를 죽이지 않을까, 도둑이 숨어들지 않을까 걱정하였고, 밤새 불안한 꿈을 꾸고 아침에 저와 함께 학교에 출근할 때면 언제나 까칠하고 창백해 보였습니다. 사람들로 가득 찬 중학교가 그에게는 무섭고 자신의 존재에 대해 적의라도 품고 있는 것처럼 보였던 것 같습니다. 그리고 나와 나란히 걷는 것 조차 천성이 고독한 그 사람에게는 매우 힘든 일이었던 모양입니다.

'교실은 또 시끌벅적 하겠죠.'

그는 자신의 기분이 침울한 이유를 찾으려는 듯 그렇게 말했습니다.

'이건 정말 말도 안됩니다.'

그런데 이 그리스어 선생이, 이 상자 속의 사나이가 거의 결혼까지 할 뻔 했답니다. 상상이 되십니까?"

이반 이바니치는 급히 헛간 안쪽으로 고개를 돌리며 말했다.

"농담이겠죠!"

"아니요, 이상하게 들릴지 몰라도 정말로 결혼할 뻔 했답니다. 어느 날 우리 마을에 역사와 지리를 가르치는 소(小)러시아[5] 출신의 미하일 사브비치 꼬발렌꼬라는 교사가 새로 부임해 왔습니다. 그는 혼자가 아니라 바렌까라는 누나와 함께 왔지요. 꼬발렌꼬는 젊고 키가 컸으며, 피부가 거무스름하고 손이 엄청나게 큰 사람이었습니다. 그의 얼굴 생김새만 봐도 목소리가 나지막하고 굵을 것 같았습니다. 그리고 실제로도 나무통 속에서 부-부-부- 하고 소리가 나는 것처럼 목소리가 굵었죠……. 그의 누나는 젊다고는 할 수 없는 서른 남짓의 노처녀였지만, 그녀 또한 키가 크고 균형 잡힌 몸매에 까만 눈썹을 가진 볼이 불그스름한 아가씨였습니다. 한마디로 얌전한 처자라기 보다는 마멀레이드 같은 활발한 아가씨였죠. 무척 쾌활하고 소란스러우며 항상 소러시아 노래를 흥얼거리거나 큰소리로 웃곤 했습니다. 그리고 무슨 일만

일어나면 큰소리로 '하하하!' 하고 배꼽 빠지게 웃어 댔습니다. 아직도 기억이 나는데, 우리가 꼬발렌꼬 남매와 처음으로 확실히 알게 된 것은 교장선생님의 명명일(命名日)[6] 축하 파티에서였죠. 명명일 축하 파티 조차도 마지못해 의무감으로 참석하는 무뚝뚝하고 숨막힐 정도로 지루한 교사들 사이에서 바렌까의 등장은 아프로디테가 거품 속에서 되살아 나온 것과 마찬가지였습니다. 그녀는 양손을 허리에 올리고 돌아다니며, 크게 웃고, 노래를 부르고, 춤을 추었습니다……. 그녀는 감정을 잔뜩 실어 '바람이 불어오네'라는 노래를 불렀고, 잇따라 로망스 한 곡과 다른 노래를 하나 더 불러 우리 모두를 황홀하게 만들었습니다. 심지어 벨리꼬프까지 말이죠. 벨리꼬프는 그녀 가까이에 앉아 부드러운 미소를 띠며 말했습니다.

'소러시아어는 부드럽고 감미롭게 들리는 게 마치 고대 그리스어를 연상시키는 군요.'

벨리꼬프는 이렇게 말하며 그녀를 추켜세웠고 기분이 좋아진 그녀는 벨리꼬프에게 자신의 이야기를 늘어 놓기 시작했습니다. 놀랍게도 그녀는 가쟈치스끄군(郡)이라는 곳에 자신의 농가를 갖고 있었으며, 농가에는 어머니가 살고 계신다고 했습니다. 그 곳에서 배와 메론, 까박이 탐스럽게 자라고 있다는 등의 얘기도 했습니다. 소러시아에서는 호박을 까박[7]이라고 불렀고, 주막은 '쉬노끄'라고 부른다는 말도 했지요. 가지와 토마토로 만든 소러시아식 보르쉬[8]에 대해서는 '정말 기가 막히게 맛이 좋아요!' 라는 말도 빼놓지 않았어요.

그녀의 이야기를 듣고 있던 우리는 갑자기 모두 똑같은 생각을 하게 되었습니다.

'이 두 사람을 결혼 시키는 것이 어떨까요?'

---

6 러시아에서는 보통 아이의 탄생일과 가까운 성인의 날 중에서 마음에 드는 성인의 이름을 취하여 아이의 이름을 짓는다. 이 성인의 날이 명명일이고, 생일보다 중요시 여겼다.

7 러시아어로 '주막'이라는 뜻.

8 홍당무를 주재료로 하여 만드는 러시아식 수프.

나지막한 목소리로 교장 사모님이 나에게 말했습니다.

우리 모두 갑자기 벨리꼬프가 결혼하지 않았다는 사실을 깨닫게 된 것이지요. 우리가 어째서 지금까지 이런 인생의 중대한 일을 완전히 잊고 있었는지 이상했어요. 벨리꼬프가 여자에게 어떻게 대하는지, 인생의 중대사를 그가 어떻게 해결할지 예전에는 전혀 관심이 없었던 거죠. 날씨가 어떻든 늘 덧신을 신고 다니며, 휘장이 쳐진 곳에서만 잠을 자는 사람이 누군가를 사랑할 수 있으리라고는 상상도 못했던 거예요.

'벨리꼬프는 마흔을 갓 넘겼고, 바렌까가 서른쯤 되었으니까……'

교장 사모님은 자신의 생각을 말했습니다.

'내 생각에는 바렌까가 벨리꼬프와 결혼을 할 것 같기도 한데……'

워낙 지루한 마을이라서 그런지 얼마나 쓸데없고 무의미한 일이 일어나는지 모릅니다! 정작 필요한 일은 하지도 않으면서 말이지요. 그렇지 않고서야 전에는 벨리꼬프의 결혼에 대해 상상조차 하지 않았던 우리가 뭣하러 그를 결혼시키려고 했겠습니까? 교장 사모님과 장학관 사모님, 그리고 우리 마을의 중학교 선생들의 얼굴에는 인생의 목표를 발견한 듯 갑자기 생기가 나고, 화색이 돌기까지 했지요. 교장 사모님이 극장 특별석을 잡아 놓으면, 그 자리에 부채를 들고 앉아 환하고 행복한 표정을 짓고 있는 바렌까의 모습뿐만 아니라, 바로 옆에 집에서 집게로 끄집어 낸 듯한 작고 구부정한 벨리꼬프의 모습도 볼 수 있었습니다. 내가 파티를 열려고 하면 부인들은 나에게 반드시 벨리꼬프와 바렌까를 초대하라고 아우성을 치기도 했습니다. 한마디로 기계가 돌아가기 시작한 것입니다. 생각해보면, 그녀도 결혼하기 싫어했던 것 같지는 않았어요. 바렌까는 오빠와 한 집에 살고 있었는데 그다지 즐거워 보이지는 않았거든요. 그 남매는 하루 종일 싸우고 욕하는 것이 일이었지요. 자, 이런 장면을 상상해 보십시오. 꼬발렌꼬가 거리를 걸어갑니다. 그는 키가 크고 건장한 사나이입니다. 수 놓아진 셔츠를 입고, 앞머리는 모자 아래 이마까지 늘어져 있지요. 한 손에는 책 꾸러미를 들고 있고, 다른 한 손에는 옹이가 많고 굵은 지팡이를 짚고 있습니다. 그의 뒤를 누나인 바렌까가 역시 책을 들고 따라가고 있지요.

'미하일릭[9]! 너 이 책 안 읽었지!'

그녀가 큰 소리로 소리쳤어요.

'내가 장담하는데, 넌 이 책을 전혀 읽지 않았어!'

'읽었어. 읽었다고!'

꼬발렌꼬는 지팡이를 바닥에 내리치면서 소리칩니다.

'이런, 세상에나, 미하일릭! 뭣 때문에 그렇게 화를 내는 거야? 별 대수롭지도 않은 것 가지고.'

'다시 한번 말하지만, 난 정말 읽었어!'

꼬발렌꼬는 다시 한번 더 크게 소리 칩니다.

이렇게 마치 남남인 사람들처럼 그들의 집에는 싸움이 끊이지 않았습니다. 이런 삶에 바렌까는 진절머리가 났을 것이고, 독립하고 싶었겠죠. 나이를 생각하면 상대를 고르는 것은 힘든 일이고 그냥 아무나 적당한 사람, 심지어 그리스어 선생도 나쁘지는 않다고 생각했지요. 우리 마을의 미혼 여성들 중 상대가 누구든 결혼이나 했으면 좋겠다고 생각하는 아가씨들이 얼마나 많은지 모르겠습니다. 어쨌든 간에, 바렌까는 벨리꼬프에게 호감을 보이고 있었어요.

그럼 벨리꼬프는 어땠냐구요? 벨리꼬프는 우리들의 집을 방문하는 것처럼 꼬발렌꼬의 집도 찾아갔지요. 벨리꼬프는 그의 집을 방문하여 아무 말 없이 앉아 있곤 했습니다. 그가 그렇게 말없이 앉아 있으면, 바렌까는 그에게 '바람이 불어오네'를 불러주었고, 검은 눈으로 그윽하게 그를 바라보기도 하고, 그를 보고 갑자기 웃음을 터트리기도 했어요.

'하하하!'

연애, 특히 결혼에 있어서 다른 사람들의 부추김은 큰 역할을 하곤 하지요. 그의 동료들과 부인들은 결혼은 반드시 해야 하는 것이며, 그의 인생에서 결혼하는 것만

---

9 '미하일'의 애칭.

남았다고 진지한 얼굴로 벨리꼬프를 설득하고 나섰습니다. 모두 그를 축복했고, 결혼은 신중하게 진행되어야 한다는 식의 진부한 말을 늘어놓았어요. 게다가 바렌까가 그렇게 못나지 않았고 재미있는 여성으로, 문관의 딸이며 농가를 가지고 있는 괜찮은 여자라는 말도 했지요. 그렇지만 무엇보다 중요한 것은 그에게 호감을 느껴 그를 진실하게 대해준 첫 번째 여자가 아니냐는 말도 빼놓지 않았습니다. 벨리꼬프의 머릿속은 그러면 그럴수록 더욱 복잡해졌고, 결국 정말로 결혼해야겠다고 결심하게 되었습니다.”

“덧신과 우산을 갖다 버렸더라면…….”

이반 이바니치가 말했다.

“생각해보세요. 그건 불가능한 일이었어요. 벨리꼬프는 바렌까의 초상화를 자신의 책상에 놓아 두었고, 나를 찾아와 바렌까에 대해서, 가정을 꾸리는 것에 대해서, 결혼은 신중하게 해야 한다는 것에 대해서 말하곤 했습니다. 또 그는 자주 꼬발렌꼬의 집에 드나들기도 했지요. 하지만 생활 방식은 조금도 바뀌지 않았어요. 심지어 그 반대로 결혼 결심이 그에게 어떤 병적인 영향을 주어서, 날이 갈수록 살이 빠지고, 창백해져 갔습니다. 그는 자신만의 상자에 더욱더 깊게 빠지고 있는 것 같았어요.

‘전 바르바라 사브비쉬나[10]를 좋아합니다만…….’

그는 나에게 억지스러운 미소를 띠면서 말했습니다.

‘누구에게나 결혼이 필요하다는 걸 잘 알고 있어요. 하지만…… 모든 일이, 아시죠? 너무 갑자기 일어난 일이라…… 생각을 좀 해봐야겠어요.’

‘무슨 생각을 한다는 거예요?’

내가 말했어요.

‘결혼 하십시오. 그러면 됩니다.’

‘아니요. 결혼은 신중히 결정해야 해요. 한번 결혼의 의무와 책임을 지게 된다면……

그 다음에 무슨 일이 생길 지 아무도 몰라요. 이 점이 나를 불안하게 하고 있어요. 이것 때문에 밤에도 잠을 이룰 수가 없습니다. 솔직히 말해서, 좀 두렵습니다. 그 남매는 사고 방식이 좀 이상하잖아요. 생각하는 것도 독특하고, 아시잖아요, 성격도 너무 호전적이지요. 결혼한 후에 어떤 이상한 일이 일어날 지도 모르는 일입니다.'

이렇게 그는 청혼도 못하고 시간만 질질 끌었습니다. 교장 사모님과 부인들은 모두 크게 실망했지요. 그는 앞으로 짊어지게 될 의무와 책임을 고민하는 와중에서도 거의 매일 바렌까와 데이트를 했답니다. 아마도 그것 역시 자신의 의무라고 생각했던 모양입니다. 그리고 나를 찾아와서는 가정 생활에 대한 이야기를 나누기도 했습니다. 이와 같은 상황을 봤을 때 확실히 그가 바렌까에게 청혼만 했었더라면, 불필요하고 멍청한 짓인 '결혼'이 또 한 건 성사될 수도 있었지요. 지루해서, 때로는 할 일이 없다는 이유로 수많은 사람들이 하고 있는 그 결혼 말입니다. 만약 그 날의 그 '엄청난 소동(kolossalische Scandal)'만 일어나지 않았었다면 말이죠. 바렌까의 동생인 꼬발렌꼬는 벨리꼬프를 처음 만나게 된 그 순간부터 끔찍하게 그를 싫어했다는 걸 얘기해 둬야겠군요.

'이해할 수가 없어요.'

꼬발렌꼬가 어깨를 움츠리며 우리에게 말한 적이 있었습니다.

'저렇게 사소한 일까지 다 감시하고 다니는 저 혐오스런 인간을 어떻게 참아내고 계신지 이해가 되지 않습니다. 이런, 세상에, 어떻게 살고 계시는지 참 신기할 따름입니다! 이곳의 분위기는 숨이 막힐 것 같고 불쾌하군요. 여러분들이 정말 교육자가 맞습니까? 여러분은 관료 냄새가 나는 사람들입니다. 이곳은 학문의 전당이라고 할 수 없어요. 마치 관구의 경찰서 같군요. 경찰서 특유의 썩은 냄새가 나요. 동료 여러분들. 저는 그와 함께 있는 것을 조금만 더 참아낸 후에, 소러시아의 내 시골집으로 돌아가렵니다. 그곳에서 가재도 잡고 동네 사람들이나 가르치면서 살겠소. 전 곧 사라져드릴 테니 여러분은 저 유다 같은 놈과 함께 잘들 사십시오. 망할 인간 같으니.'

그는 이렇게 말을 하거나 아니면, 저음의 굵은 목소리로, 때로는 가늘고

빽빽거리는 소리를 내며 눈물이 날 때까지 웃어댔고, 양팔을 벌려 의아해 하며 나에게 물었습니다.

'도대체 왜 그가 우리 집에 앉아 있는 거죠? 뭘 원하는 거죠? 그저 우두커니 앉아 살펴보는 걸 원하는 건가요?'

그는 이미 벨리꼬프에게 '거미같이 기분 나쁜 인간'이라는 별명을 붙여놓았고, 우리는 그의 누나가 그 '거미 같은 인간'에게 시집을 가려 한다는 말을 차마 입밖에 내지 못했어요. 어느 날 교장 사모님이 꼬발렌꼬에게 벨리꼬프처럼 모든 이들의 존경을 받고 있는 강직한 사람에게 누나를 시집 보내는 것이 어떠냐고 넌지시 물었지요. 그러자 그는 얼굴을 찌푸리며 불만 가득한 목소리로 말했습니다.

'내 알 바 아닙니다. 누나가 독사 같은 놈이랑 결혼한다 해도 상관없어요. 전 남의 일에 참견하는 건 정말이지 질색이거든요.'

그런데 더 들어보세요. 어떤 장난기가 발동한 사람이 덧신을 신고 바지를 걷어 올린 벨리꼬프가 우산을 쓴 채 바렌까와 팔짱을 끼고 가는 모습을 풍자만화로 그린 일이 벌어졌습니다. 그 그림 아래에는 '사랑에 빠진 안트로포스'라고 씌어 있었어요. 그림의 묘사가 정말 놀랄 정도로 정확했습니다. 모든 남녀 중학교와 신학교 선생들과 관리들이 그 그림의 사본을 받은 것으로 보아 하루 이틀 만에 작업한 것이 아니었습니다. 물론 벨리꼬프도 그 그림을 받아보았습니다. 그 그림을 본 벨리꼬프는 커다란 충격을 받았지요.

우리는 모두 함께 학교 밖으로 나왔습니다. 그때가 5월 1일 일요일이었습니다. 학생들과 교사들이 모두 학교에 모였다가 외각에 있는 숲으로 산책을 갈 참이었습니다. 우리가 모두 학교에서 나왔을 때, 벨리꼬프는 얼굴이 새파랗게 질려 있었고 먹구름과 같은 어두운 표정을 짓고 있었습니다.

'어쩜 이런 몰상식하고 못된 사람들이 있을까!'

이렇게 말하는 그의 입술이 떨리고 있었어요.

나는 그가 불쌍하게 느껴지기도 했습니다. 그렇게 걸어가고 있는데 갑자기,

글쎄 말이죠, 꼬발렌꼬가 자전거를 타고 나타났습니다. 그의 뒤에는 다소 지쳐 보였으나 상기된 얼굴의 활기차고 생기 넘치는 바렌까가 자전거를 타고 뒤따라 오고 있었습니다.

'우리가 먼저 지나갈게요. 날씨가 어쩜 이리도 좋을까요? 정말 좋아요.'

그녀는 소리쳤습니다.

꼬발렌꼬 남매는 금방 사라져버렸습니다. 새파랗던 벨리꼬프의 얼굴이 백지장처럼 하얗게 변했고 돌처럼 굳어져 버렸습니다. 그는 멈추어 서더니 나를 쳐다보면서 말했습니다…….

'잠깐만요…… 이게 무슨 일 입니까? 내가 헛것을 본 건가요? 중학교 선생님과 여자가 태연하게 자전거를 타고 다니는 것이 있을 수 있는 일입니까?'

그가 이렇게 묻길래 내가 대답했습니다.

'그게 뭐 큰일이라도 된단 말입니까? 건강을 위해 자전거를 타는 것도 좋지요.'

'어떻게 괜찮다는 말입니까?'

그는 나의 태연한 반응에 놀라 소리를 질렀지요.

'도대체 무슨 소리 하시는 겁니까?'

그는 얼마나 놀랐는지 즉시 발길을 돌려 집으로 돌아가고 말았습니다.

다음날 그는 신경질적으로 손을 비비면서 몸을 부르르 떨고 있었습니다. 얼굴만 봐도 그의 상태가 좋지 않다는 것을 알 수 있었습니다. 이 날 그는 생전 처음으로 수업에 나가지 않았습니다. 밥도 전혀 입에 대지 않았습니다. 밖은 완연한 여름 날씨였지만 저녁이 되자 더 따뜻하게 옷을 껴입고 비틀거리며 꼬발렌꼬네 집을 찾아갔습니다. 바렌까는 집에 없었고 꼬발렌꼬만 있었습니다.

'자, 앉으시지요.'

꼬발렌꼬는 쌀쌀맞게 말하고 미간을 찌푸렸습니다. 그는 졸린듯한 얼굴을 하고 있었는데, 식사를 마치고 쉬려던 찰나여서 기분이 그다지 좋지 않은 상태였습니다.

벨리꼬프는 10분 정도 아무 말도 하지 않은 채 앉아있다가 입을 열었습니다.

'다름 아니라, 마음을 좀 가라앉히려고 이렇게 방문한 것입니다. 전 지금 아주 괴롭습니다. 어떤 놈이 저와 저에게 매우 소중하고 우리에게 가까운 분을 우스꽝스럽게 그림으로 그렸습니다. 그 그림은 정말 저와 아무런 상관이 없다는 것을 당신에게 알려야 한다고 생각합니다……. 저는 그렇게 놀림 받을 만한 어떤 짓도 한 적이 없습니다. 오히려 그 반대로 저는 항상 모범적인 생활을 해 왔습니다.'

꼬발렌꼬는 얼굴을 뾰로통하게 하고선 입을 다문 채 앉아 있었습니다. 벨리꼬프는 잠시 기다리더니 조용하면서도 절망적인 목소리로 계속 말했습니다.

'그리고 당신께 한 가지 말씀 드리고 싶은 것이 있습니다. 저는 벌써 오랫동안 교직에 몸을 담았고 당신은 이제 막 부임해 왔습니다. 제가 선배로서 경고를 하나 할까 합니다. 당신은 자전거를 타고 다니시는데, 이건 젊은이들을 가르치는 교사로서 아주 격에 맞지 않는 행동입니다.'

'뭐라고요?'

꼬발렌꼬가 낮은 목소리로 물었습니다.

'미하일 사브비치, 제가 몇 번이나 설명을 드려야 하겠습니까? 이해가 안되십니까? 교사가 자전거를 타고 다니면 학생은 도대체 뭐가 됩니까? 학생들은 머리로 걸어 다녀야 한단 말입니다. 일단 공고(公告)를 통해 허가가 떨어진 일이 아니니 절대 해서는 안됩니다. 전 어제 깜짝 놀라 혼났습니다! 당신의 누나를 봤을 때는 정말 민망하더군요. 아줌마건 처녀건 여자가 자전거를 타다니……. 정말 끔찍합니다!'

'도대체 무슨 말을 하고 싶은 거요?'

'제가 하고 싶은 말은 한 가지뿐입니다. 미하일 사브비치, 당신께 경고하겠소. 당신은 아직 젊고 앞날이 창창한 사람입니다. 아주 아주 조심해서 행동해야 합니다. 어떻게 그렇게도 눈치가 없는지, 정말 눈치가 없어요! 당신은 수놓은 셔츠를 입고 길에 다닐 때 항상 책을 들고 다니더니, 이젠 자전거까지 타는군요. 당신과 당신 누나가 자전거를 탄다는 것을 교장 선생님께서 알게 되고, 장학관님 귀에 까지 들어간다면…… 좋을 게 뭐가 있겠소?'

'저와 제 누나가 자전거를 타건 말건 그게 다른 사람들과 무슨 상관이오!'

꼬발렌꼬는 얼굴이 시뻘개져서 말했습니다.

'내 집안 일이나 가족 일에 왈가왈부하는 자들에게 저주를 내리겠소!'

벨리꼬프는 창백해져 일어섰습니다.

'그런 식으로 말씀하시다니, 전 더 이상 할말이 없습니다. 앞으론 내 앞에서 높으신 분들에 대해 그렇게 말하지 말아 주십시오. 높은 분들은 항상 존경을 가지고 대해야 합니다.'

벨리꼬프가 말했습니다.

'내가 그분들에 대해 무슨 나쁜 말이라도 했소?'

꼬발렌꼬가 악의에 가득 찬 눈으로 그를 바라보며 말했습니다.

'제발 시끄럽게 굴지 마시오. 난 솔직한 사람이오. 당신 같은 사람과는 말도 하기 싫소. 난 고자질이나 하고 다니는 사람을 증오하오.'

벨리꼬프는 신경이 날카로워져 표정이 일그러지더니 부랴부랴 옷을 입기 시작했습니다. 그런 험한 말을 들은 것은 태어나서 처음이거든요.

'마음대로 하십시오.'

그는 현관에서 층계로 나서면서 말했습니다.

'한마디 더 말씀 드릴 것이 있습니다. 우리가 하는 말을 누군가 들었을지도 모릅니다. 우리가 나눈 대화가 왜곡되어 무언가 새어 나가지 않도록, 아무 일도 일어나지 않도록, 우리의 대화 내용을 교장 선생님께 직접 보고드릴 것입니다……. 대략이라도 말입니다. 꼭 그렇게 해야만 합니다.'

'보고한다고? 가서 실컷 지껄여봐!'

꼬발렌꼬는 벨리꼬프의 목덜미를 잡고는 확 밀어 버렸습니다. 그러자 벨리꼬프는 자기 덧신 소리를 쿵쿵 울리며 계단 아래로 굴러 떨어지고 말았습니다. 높고 울퉁불퉁한 계단의 맨 아래까지 굴러 떨어져 버린 것입니다. 그리고 일어서서는 안경이 멀쩡한가 보고 코도 만져보았습니다. 그런데 때마침, 그가 계단에서 구르던 찰나, 바렌까가 두 명의 부인과 함께 현관으로 들어선 것입니다. 그들은 밑에 서서 멍하니 벨리꼬프를 쳐다보았습니다. 벨리꼬프에게는 이것이 무엇보다도 더 큰 충격이었습니다. 그에게 있어서는 목이나 다리가 부러지는 것이 웃음거리가 되는 것 보다 더 나을 것입니다. 이제는 이 일이 도시 전체에 퍼지고, 교장과 장학관의 귀에도 들어갈 것이다, 아, 아무 일도 일어나선 안되는데! 또 풍자 만화가 그려지고, 결국은 사표를 써야 할 것이라는 등 온갖 생각이 그의 머리를 스쳐 지나갔습니다.

그가 일어났을 때, 바렌까는 그를 알아보고 그의 우스꽝스러운 얼굴, 구겨진 외투, 덧신을 쳐다 보았습니다. 그녀는 무슨 일이 일어났는지는 잘 파악이 안됐지만 그가 실수로 넘어졌다고 생각하고는 참지 못하고 집이 떠나갈 정도로 웃어댔습니다.

'하하하!'

이 쉴새 없이 쩌렁쩌렁 울리는 웃음 소리 '하하하'가 모든 것을 끝내버렸습니다. 혼담은 물론이고 벨리꼬프의 존재 이유 자체를 끝장 내버린 것입니다. 그는 바렌까가 말하는 것도, 아무것도 들리지 않았고, 아무것도 보이지 않았습니다. 집에 돌아오자마자 제일 먼저 책상에서 바렌까의 초상화를 치워버리고 드러눕더니 다시는 일어나지 않았습니다.

3일쯤 후에 아파나시가 저를 찾아와서 그를 의사에게 보내거나 무언가 해야 하는 게 아닌지 물었습니다. 전 벨리꼬프에게 가 보았습니다. 그는 휘장을 치고 담요를 덮고 아무 말도 하지 않고 누워 있었습니다. 그에게 뭔가 물어보면 그렇다, 아니다로만 대답을 했고 그 밖엔 어떤 소리도 내지 않았습니다. 그는 계속 누워있었고, 그 주위를 아파나시가 우울하게 얼굴을 찡그리고 어슬렁거리더니 깊게 한숨을 내쉬었습니다. 아파나시가 한숨을 쉴 때마다 방금 술집에 다녀온 듯한 보드까 냄새가 코를 찔렀습니다.

한 달 후 벨리꼬프는 죽었습니다. 우리 중학교와 신학교 교사들이 모두 함께 그를 묻어주었습니다. 관에 누워 있을 때 그의 표정은 정말 온화했고 화사했으며 즐거워 보이기까지 했습니다. 결국 이제는 절대 나올 수 없는 상자 속에 눕게 되었다는 사실이

확실히 기뻤던 것 입니다. 그렇습니다. 그는 자신의 이상(理想)을 이룬 것입니다! 그를 기리기라도 하는 듯 장례식 날은 흐리고 비가 오는 날이었기에 모두들 덧신을 신고 우산을 들고 있었습니다. 바렌까도 장례식에 왔었는데, 그녀는 관이 무덤으로 내려질 때 울음을 터트리고 말았습니다. 저는 그 때 소러시아 여자들은 항상 크게 울거나 크게 웃거나 둘 중 하나이며, 그 중간 감정을 가지는 경우는 없다는 것을 깨달았습니다.

사실 벨리꼬프 같은 사람의 장례를 치른다는 것은 큰 안도감을 주는 일입니다. 묘지에서 돌아왔을 때, 우리 모두는 엄숙하고 위선적인 표정을 짓고 있었습니다. 그 누구도 이런 안도감을 겉으로 드러내고 싶어하지 않았습니다. 이 감정은 우리가 아주 오래 전 어린 시절에 집안 어른들이 집을 비워 완전한 자유를 만끽하며 들판을 한 두 시간 뛰어다닐 때 느낀 감정과 매우 비슷했습니다. 아, 자유, 자유! 그런 자유를 가질 수 있다는 것에 대한 작은 암시나 희미한 희망 조차도 우리의 영혼에 날개를 달아주게 됩니다. 그렇지 않습니까?

우리는 평온한 마음으로 묘지에서 돌아왔습니다. 그러나 일주일이 채 지나지 않아 삶은 다시 원래대로 돌아왔습니다. 바로 그토록 힘겹고 피곤하고 바보 같은 우리네 삶 말입니다. 공고(公告)를 통해 금지되지도 않았지만 그렇다고 완전히 허락되지도 못한 삶입니다. 아무것도 더 나아진 것이 없었습니다. 그리고 사실 벨리꼬프의 장례는 치렀지만 아직 상자 속 사나이들이 이 세상에 얼마나 많이 남아 있으며, 또 앞으로도 얼마나 생겨나겠습니까!"

"그래, 그렇지. 그런 사람들은 또 있소."

이반 이바니치는 이렇게 말하고 파이프를 피우기 시작했다.

"또 앞으로 얼마나 많겠습니까!"

부르낀이 다시 말했다.

이 중학교 교사는 헛간 밖으로 나왔다. 그는 키가 그다지 크지 않고 뚱뚱하고 머리가 다 벗겨진데다 긴 검은 수염을 허리까지 기른 사람이었다. 개 두 마리가 그를 따라 나갔다.

"달, 달이 떴군!"

위를 올려다 보며 그가 말했다.

이미 밤은 깊었다. 오른편으로는 마을 전체가 보였고, 5베르스따[11] 정도로 길이

---

11 미터법 시행전 러시아의 거리 단위로 1베르스따는 약 1067km이다.

멀리 뻗어있었다. 만물이 조용하고 깊은 잠에 빠져있는 듯했다. 자연에 그러한 정적이 있을 수 있다는 것이 믿기지 않았을 만큼 어떠한 움직임도, 어떠한 소리도 없었다. 달밤에 농가나 건초더미나 조용히 잠든 버드나무가 서 있는 넓은 시골길을 바라볼 때면, 우리의 영혼도 차분해 지는 것을 느낄 수 있다. 고통, 걱정, 번민으로부터 벗어나 밤의 어둠 속에 몸을 숨긴 시골길이 평화롭고 애절하고 아름답게 보였다. 별들이 이 길을 부드럽고 감동적으로 바라보고 있으며, 이 세상의 어떤 악도 없고, 모든 것이 축복받은 것 같이 느껴졌다. 마을 어귀 왼편으로 들판이 시작되는 것이 보였다. 들판은 지평선까지 펼쳐져 있고, 달빛이 가득 찬 들판에는 어떠한 움직임도 어떠한 소리도 존재하지 않았다.

"그래, 그렇지. 그런 사람들은 또 있소."

이반 이바니치가 다시 말했다.

"우리가 도시의 갑갑함 속에서, 좁아터진 공간에서 살면서 쓸데없이 종이에 뭔가를 쓰고 카드놀이를 하는 생활이 상자 속에 갇힌 것이 아니라면 무엇이란 말이오? 우리가 우리의 생애를 게으름뱅이나 불평꾼, 어리석고 무위도식하는 여자들과 살아가면서 엉터리 이야기나 말하고 듣고 산다면 상자 속에 갇힌 것이 아니고 무엇이겠소? 원한다면 교훈적인 이야기를 하나 들려주고 싶소."

"아닙니다. 이제 자야겠습니다."

부르낀이 말했다.

"안녕히 주무십시오."

둘은 헛간에 들어가 건초더미에 누웠다. 둘 다 담요를 덮고 잠깐 잠이 들었는데 갑자기 가벼운 발걸음 소리가 들렸다. 툭, 툭……. 누군가 헛간에서 멀지 않은 곳을 걷고 있는 소리였다. 잠깐 소리가 들리더니 곧 멈췄다가 몇 분 후 다시 들리기 시작했다. 툭, 툭…… 개들이 으르렁거렸다.

"마브라가 지나가는군요."

부르낀이 말했다.

발걸음 소리는 다시 사라졌다.

"사람들은 거짓을 보고 듣소."

이반 이바니치가 옆으로 돌아누우며 입을 열었다.

"사람들은 이런 거짓을 참으면 바보라는 소릴 듣소. 모욕과 멸시를 당하면서 사람들이 정직하고 자유로운 사람들 편이라는 것을 속 시원히 밝히지 못한다는 것이 가장 큰 거짓이고, 위선이오. 이 모든 것은 빵 한 조각, 따뜻한 잠자리, 몇 푼 벌지도 못하는 하찮은 일자리 때문에 일어나는 것이오. 안돼, 더 이상 그렇게 살 순 없어!"

"그렇지만 그건 좀 다른 이야기인 것 같은데요, 이반 이바니치. 그만 잡시다."

교사가 말했다.

10분쯤 후, 부르낀은 이미 잠이 들었다. 그러나 이반 이바니치는 이리 저리 뒤척이며 한숨을 쉬더니 일어서서 다시 밖으로 나가 문가에 기대 파이프를 피우기 시작했다.

Russian Short Story :: 07

07

어느 가을날

고리끼 | Gor'kii

 ……어느 가을날. 나는 매우 불쾌하고 난처한 상황에 부딪혔다. 내가 막 도착한 그 도시에는 아는 사람이라곤 단 한 명도 없었고, 주머니엔 한 푼도 없었으며, 잠잘 곳조차 없었다.

 처음 얼마간은 가지고 있던 물건들 중 없어도 되는 것들을 팔아서 연명하다가, 그 도시에서 '우스치예' 라는 시골로 떠났다. '우스치예' 지역에는 선착장이 있었고, 배가 드나들 때는 일하는 사람들로 활기가 넘쳤다. 하지만 내가 도착했을 때는 배도 들어오지 않는 한적한 곳이 되어 있었다. 10월이 거의 끝날 무렵의 일이었다.

 나는 혹시 먹다 남은 게 있을까 하는 희망으로 젖은 모래를 열심히 들여다 보며 발로 마구 헤집고 다녔다. 이 텅 빈 건물들과 짐 싣는 궤짝들 사이를 어슬렁거리며, 배가 부르면 얼마나 좋을까라는 생각을 했다…….

 이러한 상황에 처하게 된다면, 영혼의 갈증은 육체의 갈증보다 더 빨리 해소될 수 있다. 당신이 거리를 거닐고 있다고 생각해 보라. 당신 주위에 보기에 그럴싸한 건물이 있다면 아마 '내부도 나쁘지 않겠지'라고 으레 말할 것이다. 그러면서 건물의 건축양식이나 위생 시설 등에 대한, 그리고 지혜롭고 고결한 무엇인가에 관한 기쁜 마음을 가지게 될 것이다. 그런데 여기서 당신이 편안하고 따뜻하게 옷을 입은 사람들을 만났다고 생각해 보라. 이들은 친절하게도 당신이 처한 비참한 현실을 내색하고 싶어하지 않으며, 당신과 항상 일정한 거리를 유지하려고 한다. 확실히 배고픈 자의 영혼은 배부른 자의 영혼보다 더 훌륭하고 건강하게 자라는 법! 바로 이것이 배부른 자들에게 유리한 결정적인 결론을 내릴 수 있게 하는 전제인 것이다……!

……날이 저물자 비가 내렸고, 세차게 북풍이 불어댔다. 바람은 텅 빈 궤짝과 인적 없는 가게들 사이로 윙윙 소리를 내며 몰아쳤고, 판자로 막은 여관 창문을 두들겨댔다. 거센 바람으로 강의 물결은 거품을 냈다가 강가 모래톱에 세게 부딪혔다. 높게 치솟은 하얀 물결들은 아득한 먼 곳에서부터 연달아 올라오면서 차례로 서로를 집어삼키며 사라져갔다……. 강은 겨울이 가까워왔음을 느끼고는 오늘 밤 북쪽에서 불어오는 바람이 내던질 얼음의 족쇄가 두려워 어디론가 도망가고 있는 것처럼 보였다. 하늘은 무겁고 어두웠으며, 끊임없이 퍼붓는 빗방울 때문에 한치 앞도 보이지 않았다. 부서지고 뒤틀린 두 그루의 버드나무와 거꾸로 뒤집힌 배 한 척이 우울한 비가(悲歌)를 부르듯 내 주위를 감싸고 있었다.

밑바닥에 구멍이 난 채 뒤집힌 작은 배와 매서운 바람에 부러진 가엾고 오래된 나무들……. 이 곳엔 파괴, 허무, 그리고 죽음뿐. 게다가 하늘은 하염없이 눈물을 쏟아냈다. 주변은 텅 비고 암울했다. 아마도 모든 것이 다 죽고 조만간 나 혼자만 살아남을 것 같았다. 그렇지만 나에게도 차가운 죽음이 기다리고 있는 것은 마찬가지이다.

당시 나는 열 일곱, 좋은 시절이었다!

나는 추위와 굶주림 속에 이를 덜덜 떨며 차갑고 축축한 모래 위를 걷고 또 걸었다. 아무것도 구하지 못한 채 먹을 것을 찾아 궤짝들을 하나, 둘 들추며 걷고 있던 중 갑자기 한 궤짝 너머로 여자 옷을 걸치고 땅에 바짝 구부려 앉아 있는 사람을 발견했다. 옷이 비에 흠뻑 젖어 웅크린 어깨에 찰싹 달라붙어 있었다. 나는 그녀 곁에 서서 '도대체 뭘 하고 있는 것일까' 하고 살펴보았다. 그녀는 어떤 궤짝 밑의 모래를 손으로 파서 구멍을 만들고 있는 것 같았다.

"지금 뭐 하는 거야?"

내가 그녀 곁에 웅크리고 앉으며 물었다.

그녀는 나직이 소리를 지르며 벌떡 일어났다. 그리곤 겁먹은 채로 서서 큰 회색 눈으로 나를 쳐다보았다. 그녀는 내 나이 또래로 아주 예뻤다. 그런데 안타깝게도 얼굴에 큰 멍이 세 개나 들어 있었다. 멍은 비슷한 크기로 양쪽 눈 밑에 두 개, 조금 더 큰 크기로 이마에 한 개 이렇게 대칭을 이루면서 예쁜 얼굴을 엉망진창으로 만들어 놓았다. 얼굴에 멍이 대칭을 이루고 있는 것이 마치 사람 얼굴을 망치는 솜씨를 타고난 예술가가 만들어 놓은 작품을 보는 듯 했다.

소녀가 나를 바라보았다. 그녀의 눈에서 두려움이 천천히 사라졌다……. 이 때 그녀가 손에서 모래를 털어 내며, 머리에 있는 스카프를 매만지고는 떨리는 목소리로 말했다.

"너도, 차, 마시고 싶지? ……그러면, 너도 파. 난 이제 팔에 힘이 없어. 저길 파라고."

그녀가 머리로 궤짝을 가리켰다.

"아마, 빵이 있을 거야……. 이 궤짝은 아직 안 팔린……."

나는 파기 시작했다. 그녀 역시 잠시 기다리더니 나를 쳐다보고는 내 곁에 앉아서 나를 돕기 시작했다…….

우리는 아무 말 없이 파기만 했다. 바로 그 순간만큼은 현인들이 삶의 매 순간마다 잊어선 안 된다고 했던 법, 양심, 재산과 그 밖의 것들에 대해 기억하고 있었다고 말할 수 없다. 진실에 좀 더 다가갈 수 있기를 바라며 고백해야 할 것이 있다. 궤짝 밑을 파는 그 시간 동안에는 '이 안에 무엇이 들어있을까'라는 의문말고는 다른 어떤 생각도 들지 않았다는 사실이다…….

날이 어두워졌다. 내 주변의 축축하고 눅눅하며 차가운 어둠이 점점 더 짙어졌다. 파도 소리가 전보다 더 희미하게 들리는 것 같았다. 비는 더 많이 그리고 더 시끄럽게 궤짝의 판자때기를 때렸다……. 어딘가에서 야경꾼의 딱따기 소리가 들려왔다…….

"판자가 나왔니?"

나를 돕던 그녀가 조용히 물어왔다. 나는 그녀가 뭘 묻는 건지 몰라 가만히 있었다.

"내 말 안들려? 궤짝 밑이 판자로 막혀 있냐고. 판자로 막혀 있으면 우리가 땅을 판 건 다 허사야. 땅을 다 팠는데, 거기가 두꺼운 판자로 막혀 있으면……. 그 땐 어떡하지? 차라리 자물쇠를 부수는 게 낫겠어……. 별로 튼튼한 자물쇠도 아니잖아."

가끔 이런 기발한 생각들이 여자들의 머리에 떠오르기도 한다. 하지만 알다시피, 이런 생각들은 누구나 할 수 있는 것이다……. 그렇지만 나는 항상 이런 기발한 아이디어를 높게 사고 가능한 활용하려고 노력한다.

나는 자물쇠를 찾아내 부순 다음 고리와 함께 통째로 뜯어냈다……. 내 공범자는 순간적으로 몸을 굽히더니 네모나게 뜯겨진 궤짝의 구멍 속으로 뱀처럼 기어 들어갔다. 거기서 만족스러운 탄성이 들렸다.

"잘했어!"

나에게 있어서 여자의 칭찬 한 마디는 고대 웅변가들의 훌륭한 말을 모두 섞어놓은 듯한 남자들의 찬사보다 훨씬 더 값진 것이다. 그러나 그 당시의 나는 지금의 나보다 덜 친절했기에, 그 소녀의 칭찬에 그다지 주의를 기울이지 않았고, 약간 두려워하며 그녀에게 무뚝뚝하게 물었다.

"뭔가 있어?"

그녀는 단조로운 목소리로 자신이 찾아낸 것들을 나에게 하나, 둘씩 세어 보였다.

"병이 들어 있는 바구니…… 빈 자루 몇 개…… 우산…… 양동이."

전부 못 먹는 것들이었다. 나는 내 희망이 사라지는 것을 느꼈다……. 그런데 갑자기 그녀가 활기찬 목소리로 외쳤다.

"아! 여기……."

"뭐야?"

"빵…… 크고 둥그런…… 젖긴 했지만…… 받아!"

내 발 밑으로 둥근 빵이 굴러 나왔고, 그 뒤로 내 용감한 공범자인 그 소녀가 따라 나왔다. 나는 벌써 빵 조각을 뜯어 입에 쑤셔 넣고 씹고 있었다.

"자, 나도 좀 줘……. 일단 여기서 나가야겠어. 그런데 어디로 가야 하지?"

그녀는 조심스럽게 어둠 속에서 사방을 살폈다……. 주위는 어둡고 축축했으며 소란스러웠다.

"저기 배가 뒤집어져 있었어……. 그쪽으로 갈까?"

"가자!"

우리는 전리품을 뜯어 입에 한 가득 쑤셔 넣으면서 걸어갔다……. 비는 더욱 거세졌고, 강물도 더욱 사납게 울부짖었으며, 어디선가 비웃는 듯한 휘파람소리가 천천히 파도에 실려왔다. 거대하고 아무것도 두려워하지 않는 어떤 존재가 모든 지상의 규율, 이 을씨년스러운 가을 밤, 그리고 우리, 두 주인공을 비웃는 듯 휘파람 소리를 내고 있었다……. 이 휘파람 소리에 가슴이 쓰라렸지만, 그 와중에도 나는 게걸스럽게 빵을 먹었고, 내 왼쪽에서 걷고 있던 그녀도 나에게 뒤질세라 열심히 먹어댔다.

"이름이 뭐니?"

나는 아무 생각 없이 물었다.

"나따샤!"

그녀는 쩝쩝 소리를 내며 대답했다.

나는 그녀를 바라보았다. 그 순간 가슴속에 저려오는 듯한 아픔이 느껴졌다. 나는 내 앞의 어둠을 응시했다. 내 운명의 모순적인 추한 얼굴이 나를 향해 수수께끼에 싸인 차가운 미소를 짓는 것 같았다…….

……빗방울은 쉴새 없이 나무 배를 두들겼고, 그 울리는 소리는 구슬픈 생각을 자아냈다. 바람은 휘휘 소리를 내며, 배의 바닥에 뚫린 구멍으로 들이닥쳤다. 그 틈새에는 나무 조각이 걸려 흔들리고 있었다. 나무조각은 흔들리면서 불안하고 하소연하는 듯한 소리를 냈다. 강 물결은 강가에서 철썩거렸고, 단조롭고 아무런 희망도 없는 듯 소리를 냈다. 참기 힘든 지루함이나 증오심이 날 정도로 진절머리 나는

힘겨움에 대해, 도망치고 싶었던 것들에 대해, 그리고 말하지 않을 수 없는 것들에 대해 이야기하고 있었던 것이다. 눈부시고 따뜻했던 여름이 춥고 어둡고 무미건조한 가을로 영원히 바뀐다는 사실에 대지가 서글퍼하고 있었다. 빗방울 소리는 강물 소리와 어울려 이렇게 괴로워하는 대지의 힘겨운 탄식이 되어 뒤집힌 보트 위로 지나갔다. 바람은 텅 빈 강가와 물결 치는 강물 위로 몰아치며 구슬픈 노래를 부르고 있었다…….

뒤집힌 배 안은 전혀 쉴 만한 곳이 못되었다. 보트는 비좁고 눅눅했으며, 구멍 난 바닥으로 작고 차가운 빗방울이 새어 들고, 바람은 계속해서 불어 닥쳤다……. 우리는 아무 말 없이 앉아서 추위에 떨고 있었다. 그 때 졸음이 마구 밀려왔던 것으로 기억된다. 나따샤는 등을 보트 가장자리에 기대고 쪼그리고 앉아 있었다. 그녀는 팔로 무릎을 감싸고 그 위에 턱을 괴고는 눈을 크게 뜨고 강을 뚫어지게 바라보았다. 그녀의 하얀 얼굴의 두 눈은 눈 밑에 든 멍 때문에 더 커 보였다. 그녀는 꼼짝도 하지 않았다. 미동도 없이 침묵은 이어졌고, 옆에 있는 소녀 때문에 내 속의 두려움이 점점 더 커지는 것을 느꼈다……. 나는 그녀와 뭔가 대화를 나누고 싶었으나 어디서부터 시작해야 할지 알 수 없었다.

그녀가 불쑥 말을 꺼냈다.

"이런 망할 놈의 인생 같으니……!"

명료하고 정확한 확신에 가득 차서 그녀는 말했다.

그러나 그건 불평이 아니었다. 그 말은 불평이라고 하기엔 너무나 무덤덤했다. 생각할 수 있는 만큼 생각한 후에 보통 사람들이 내리게 되는 상투적인 결론을 소리 내어 말한 것뿐 이었다. 나 자신에는 모순되지만, 나는 거기에 대고 아무런 반박도 할 수 없었다. 그래서 그냥 침묵을 지켰다. 그러나 그녀는 이를 눈치채지 못한 것처럼 계속해서 꼼짝 않고 앉아 있었다.

"차라리 뒈져버릴까……."

또 다시 나따샤가 말했다. 이번에는 조용하고 생각에 잠긴 듯한 말투였다. 그러나 여전히 그녀의 말에는 불평 같은 건 담겨있지 않았다. 인생에 대해 깊이 생각한 사람이 자신을 되돌아보고 멸시로부터 자신을 지키려면 바로 '돼지는 것' 말고는 다른 길이 없다는 확신에 다다르게 된 것이었다.

나는 그런 뻔히 보이는 사고방식에 속이 매슥거렸고 계속 이대로 침묵을 지킨다면 울음이 터져버릴 것 같은 느낌이 들었다……. 그러나 여자도 울지 않는데 남자가 운다는 것은 부끄러운 노릇이다. 나는 그녀와 대화를 나눠 보기로 했다.

"누가 이렇게 때린 거야?"

뭔가 그럴듯한 말을 떠올리지 못한 나는 이렇게 물었다.

"빠슈까, 그 놈이 다 이랬어……."

그녀는 냉정하면서도 큰 소리로 대답했다.

"그게 누군데….?"

"애인이야……. 빵을 굽는……."

"자주 팼어…?"

"술만 퍼마시면 팼어…."

갑자기 그녀는 내 쪽으로 다가와 자신과 빠슈까, 그리고 두 사람 관계에 대해 이야기하기 시작했다. 그녀는 '몸을 파는 여자'였고…… 그는 붉은 콧수염에 손풍금을 잘 타는 빵 장수라고 했다. 그는 그녀가 일하는 '가게'에 자주 드나들었다. 매우 재미있고 옷도 깔끔하게 입고 다녔기 때문에 그녀는 그에게 아주 푹 빠져버렸다. 값비싼 외투에 '장식'이 달린 장화……. 바로 이런 것들 때문에 그녀는 사랑에 빠지게 됐고, 그는 그녀의 '기둥서방' 노릇을 하게 되었다. 그는 '기둥서방'이 된 후부터 그녀가 몸을 팔아 번 돈을 빼앗고, 그 돈으로 술을 마시고는 손찌검까지 하기 시작했다. 그래도 여기까진 아무것도 아니었다. 급기야는 그녀가 보는 앞에서 다른 여자들과 '놀아난' 것이다…….

"어떻게 나를 그렇게 모욕할 수 있지? 내가 다른 사람들 보다 못난 것도 아닌데……. 이건 나를 아주 바보 취급하는 거라고. 나쁜 자식. 사흘 째 되는 날 주인에게 외출할 수 있도록 부탁해서 빠슈까를 찾아갔는데, 글쎄, 술 취한 둔까가 거기 앉아있는 거야……. 그 사람도 역시 술에 떡이 되어 있었어. 내가 그 사람한테 '이 사기꾼, 사기꾼아!

이 나쁜 놈아!' 라고 고 소리쳤더니 또 두들겨 패는 거야. 발로 차고, 머리채를 잡아 당기고, 별별 짓을 다 했어……. 이건 그래도 양반이라니까. 결국엔 내 옷을 몽땅 다 찢어 버렸다고……. 이제 어쩌지? 주인에겐 뭐라고 하면 좋아? 다 찢어 버렸어. 치마도 블라우스도. 다 새것이었는데……. 머리 스카프도 잡아 찢어 버렸어……. 젠장! 이제 어떡해!"

갑자기 그녀는 비통하고 격한 목소리로 울부짖었다.

바람이 불기 시작하더니 점점 거세지면서 추워졌다……. 다시 이가 덜덜 떨리기 시작했다. 그녀는 추위에 몸을 웅크리고 내 곁으로 바짝 다가 앉았다. 어둠 속에서 그녀의 빛나는 눈동자가 보였다…….

"어째서 너네 남자들은 다들 그렇게 파렴치할 수가 있지? 남자들을 모조리 짓밟아 뭉개서 병신으로 만들고 싶어. 모두 뒈져 버려……. 그 자식 낯짝에 침이라도 뱉었더라면 그나마 덜 억울했을 텐데! ……비열한 상판대기 같으니! 조르고 졸라서, 아무 여자한테나 살살 꼬리치고 다니는 개 같은 놈. 그리고 그런 놈한테 넘어가는 바보 같은 년들 하고는! 이젠 끝이야! 지금쯤 그년들을 또 발 밑에 부리고 있겠지……. 추잡한 건달 놈들……."

그녀가 온갖 욕설을 퍼부었지만 그 모습은 허탈해 보였다. 그녀의 욕에서는 '추잡한 건달 놈들'에 대한 어떤 악의나 증오도 느껴지지 않았다. 그녀의 말투는 욕설과 어울리지 않을 정도로 침착했고, 목소리는 침울할 만큼 생기가 없었다.

그러나 그녀의 말은 그 전까지 그리고 그 이후에도 수 차례에 걸쳐 들어온 장엄하고 확신에 가득 찬 염세주의 서적이나 말들 보다 더욱 강력하게 나를 엄습했다. 왜냐하면 죽어가는 자의 고통이란, 이 세상에서 가장 정확하고 예술적으로 묘사된 죽음보다 훨씬 자연스럽고 강렬한 것이기 때문이다.

나는 몹시 고통스러웠다. 나와 같은 처지에 놓인 그녀의 이야기 때문이라기 보다는 분명 추위 때문이었을 것이다. 나는 소리도 내지 못하고 조용히 신음하였고, 이가 떨려 부딪치면서 딱딱 소리를 냈다.

바로 그 순간, 나는 차갑고 조그만 두 손이 내 몸에 와 닿는 것을 느꼈다. 한 손은 내 목덜미를, 또 다른 한 손은 내 얼굴을 감쌌다. 그리고는 불안하면서도 조용하고 부드러운 목소리로 그녀가 내게 물었다.

“너 왜 그러니?”

이렇게 묻고 있는 사람은 방금 전까지 세상 모든 남자를 싸잡아 파렴치한이라고 욕하고 모두 죽어버리기를 바랬던 나따샤가 아니라 다른 누군가라는 생각이 들었다. 그러나 그녀는 서둘러 말을 이어가기 시작했다…….

“왜 그래? 응? 추워서 그래? 몸이 얼어붙었어? 저런, 이를 어째! 잠자코 앉아만 있으니…… 부엉이도 아니고! 원, 춥다고 진작에 말했어야지……. 자…… 바닥에 누워봐……. 몸을 쭉 펴고 말이야. 나도 누울게……. 이렇게! 이제 나를 안아줘…… 꼭……. 자, 이제 몸이 따뜻해질 거야……. 좀 있다 서로 등을 맞대고 누우면 돼……. 어떻게든 이 밤을 보내야 하잖아……. 뭐야, 술 마셨어? 일자리에서 쫓겨났니? …… 괜찮아……!”

그녀가 나를 위로해 줬다……. 그녀가 나에게 용기를 북돋워 주었다…….

나는 세 번이나 저주받을 인간이다! 이 얼마나 아이러니한 일인가! 생각해보라! 그 당시 나는 심각하게 인류의 운명을 걱정하였고, 사회구조 개혁과 정치변혁을 꿈꾸었으며, 지독하리만큼 현명한 내용의 책들을 수없이 탐독하고 있었다. 그 사상의 깊이란 글쓴이들 조차도 다다를 수 없을 만큼 심오한 것이었다. 그 당시 나는 스스로 ‘거대하고 적극적인 힘’을 만들어 내려고 온갖 노력을 다하고 있었다. 그런데 삶의 터전도 잃고 가치도 없이 불행하고 쓸모 없으며 쫓기는 존재인 창녀가 자신의 몸으로 나를 따뜻하게 해주고 있는 것이다. 나는 그녀를 도와줄 생각조차 하지 못했는데, 그녀는 나를 도와주었다. 아니, 설령 내가 도와주려고 했던들 무엇으로 그녀를 도울 수 있었겠는가.

아, 나는 이 모든 일이 꿈속에서, 어리석고 고통스러운 꿈 속에서 일어난 일이라고 생각하고 싶었다…….

그렇지만, 아! 나는 그렇게 생각할 수 없었다. 차가운 빗방울이 내게 스며들었고, 그녀의 가슴이 나의 가슴을 강하게 짓누르고 있었으며, 따뜻한 그녀의 숨결이 내 얼굴을 감쌌기 때문이다. 보드까 냄새가 가볍게 나긴 했지만…… 생명을 불어넣어주는 숨결이었다……. 바람이 울부짖으며 거센 소리를 냈다. 빗방울이 배를 두드렸고, 파도가 출렁거렸다. 우리 두 사람은 서로를 꼭 껴안고 누워있었지만 여전히 추위에 떨고 있었다. 이 모든 것이 생생한 현실이었다. 어느 누구도 이 현실처럼 힘들고 고통스러운 꿈을 꾸어 본 사람은 없을 것이다.

그런데 나따샤는 여자들만이 구사할 수 있는 부드럽고 정겨운 말투로 뭔가에 대해 계속 이야기 하고 있었다. 그녀의 천진난만하고 편안한 이야기 덕분에 내 가슴속에서는 어떤 작은 불꽃이 조용히 타올랐고, 내 심장 속 무언가가 녹아 내리는 듯 했다.

그 때 내 눈에서 비가 오듯 눈물이 주르륵 쏟아졌다. 그 가을 밤 나의 눈물과 함께 내 심장 속 켜켜이 쌓여있던 원한, 근심, 어리석음, 더러움이 모조리 씻겨 나가고 있었다……. 나따샤는 계속 나를 위로하였다.

"자, 이제 그만해. 착하지, 울지마! 이제 됐어! 하느님께서 널 도와 주실 거야……. 잘 될 거라고. 다시 일자리도 찾을 수 있고……. 다 괜찮아 질 거야……."

그리고는 그녀가 나에게 입을 맞추었다. 오랫동안, 끊임없이, 뜨겁게…….

이것은 인생이 나에게 선물한 첫 키스이자 가장 멋진 키스였다. 훗날의 수많은 키스는 나에게 그만큼의 희생을 요구하였고, 그러면서도 거의 아무것도 남겨주지 않았으니 말이다.

"자, 울지 말라니까. 넌 참 이상한 애구나! 정말 갈 곳이 없으면 내가 내일 알아봐 줄게……."

나는 조용하고 확신에 찬 속삭임을 꿈결인 듯 듣고 있었다.

……다음 날 새벽까지 우리는 서로를 껴안고 누워있었다…….

날이 밝자 우리는 배에서 나와 시내로 갔다……. 우리는 다정스레 작별을 했다. 그 후 반년 동안 그림 같은 어느 가을날 나와 함께 하룻밤을 지새웠던 사랑스러운 나따샤를 찾으러 빈민가를 샅샅이 뒤지고 다녔지만, 다시는 그녀를 만날 수 없었다…….

만약 그녀가 죽었다면, 그녀에겐 오히려 잘 된 일일 것이다! 편안히 잠들기를! 그런데 혹시 그녀가 살아있다면, 그녀의 영혼에 평화가 깃들기를! 자신이 타락했다는 생각이 그녀의 영혼에서 깨어나지 않기를……. 왜냐하면 그런 생각은 인생에서 쓸데없고 헛된 괴로움일 뿐이니까…….